CUBA Y CASTRISMO: HUELGAS DE HAMBRE EN EL PRESIDIO POLÍTICO

J. A. Albertini

Título original:
Cuba y castrismo: Huelgas de hambre en el presidio político

Copyright 2007
Instituto de la Memoria Histórica Cubana contra el Totalitarismo

ISBN: 978-1506148410

Ediciones Memorias
Miami, E.U.A.

Diseño de Portada
Relvi Moronta

Edición y Montaje
Angel De Fana

Editado:
Instituto de la Memoria Histórica Cubana
Contra el Totalitarismo (IMHICT)

ÍNDICE

"LA TARDE"

"Me fui hasta la reja del fondo buscando
un pedazo de tarde:
allí estaba
deshecha en barrotes".

Roberto Jiménez Rodríguez.
Del poemario *"Si yo te hablara…"*
Prisión La Cabaña, 1969.

AGRADECIMIENTOS

Angel De Fana Serrano, por la dedicación, interés y recomendaciones útiles que desarrolló y aportó durante el proceso de preparación y edición.

Saturnino Polón, director del Instituto de la Memoria Histórica Cubana Contra el Totalitarismo, que desde un inicio me ha acompañado con sus conocimientos, técnicos, periodísticos e históricos, en la realización del proyecto.

Enrique Ruano, director del Instituto de la Memoria Histórica Cubana Contra el Totalitarismo, quien fue factor determinante en la realización de las entrevistas, así como en la precisión de hechos, fechas y otros elementos de vital importancia histórica.

Carmen Steegers, socióloga y periodista, que colaboró todo el tiempo en las correcciones ortográficas y sintácticas del texto.

PRÓLOGO

La Junta Directiva del Instituto de la Memoria Histórica Cubana contra el Totalitarismo encomendó al escritor y ex preso político J. A. Albertini (José Antonio) la forja de un libro de testimonios sobre huelgas de hambre. Le hablamos de forjar, porque éramos conscientes que iba a trabajar con hombres y mujeres que se habían fundido con el hierro que los mantuvo entre rejas por largos años.

El presidio es voraz, se nutre con la sangre, huesos y músculos de todo individuo que se niega a ser esclavizado. Tal vez el que forjó el primer eslabón esté muerto o simplemente se ignora si aún vive, pero su ejemplo, su hacer, se ha ido repitiendo durante todas estas décadas en hombres y mujeres que no habían nacido cuando el primer prisionero político desconocido pasó su primera noche en solitario.

Describir la prisión es poco menos que imposible porque es árida. La sequedad de la cárcel roba el aliento en las noches, el deseo de estar y tener una familia te agobia, el decursar de los días puede hacerte perder el sentido de la realidad y el vibrar de la carne te lleva a soñar para terminar en horribles pesadillas. No hay prisión en paz, si estás en solitario te desesperas y cuando compartes una celda anhelas quedarte solo contigo y tus angustias.

La prisión es agobiante bajo cualquier gobierno pero cuando se cumple cárcel, en condiciones como las que caracterizan a un régimen totalitario, se puede llegar a la angustia. El sistema es destructivo. La familia tiene que estar unida por lazos muy firmes para sobrevivir. Los amigos son reprimidos por las fuerzas policiales, e intimidados por las sociales. El prisionero tiene que poseer unas reservas morales muy fuertes para soportar el aislamiento, un virtual dejar de existir porque se hace real la vieja expresión de la muerte en vida. Las comunicaciones con el mundo exterior prácticamente son inexistentes y la censura sistemática a todo tipo de información crea un muro invisible que oprime hasta la asfixia.

Una huelga de hambre, en una prisión totalitaria, es una acción dramática que puede fácilmente concluir en tragedia. Una elección particularmente peligrosa en cualquier situación, es posiblemente catastrófica cuando tiene lugar en un país donde no hay opinión pública, donde no se pueden efectuar denuncias, donde la solidaridad es aplastada y el mundo exterior desconoce que tú existes.

Por eso tomar esa decisión adquiere proporciones homéricas bajo un régimen totalitario. Es un paso que puede ser fatal y definitivo en todos los órdenes: puedes morir, quedar inválido, lisiado de por vida o lo que es peor, perder el respeto de tus compañeros si dejas el calvario antes que se asuma una postura en común o tus propios amigos, por motivos perentorios de salud, te lo exijan.

Las huelgas de hambre son, sin dudas, un instrumento de protesta, una acción para llamar la atención, un reclamo de respeto a tus derechos, un medio de presión para lograr un objetivo determinado, como dirían los militares, una táctica en la que no vas a usar todos tus recursos. Sin embargo, una huelga de hambre puede convertirse en el combate de tu vida, por una decisión consciente que tomas en el desarrollo de la misma, o simplemente porque tu cuerpo no soportó la fatiga de la batalla.

Pero hay quienes hacen una huelga de hambre con la intención precisa de echar la batalla final. Muchos fueron los presos políticos cubanos que hicieron de la huelga de hambre la cruzada de sus convicciones, tuvieron el coraje de empuñar la espada del hambre sin la coraza del agua. Partieron a la huelga conscientes de que sería su final. Eligieron morir así. Fue su grito personal, un corajudo clamor de silencio al sistema, un estoy preso pero aun así no has podido vencerme, aniquilarme, lo único que me queda son los huesos y la piel y los voy a dejar en esta vía por mi propia voluntad y sin tu intervención. Un acto de total y absoluta independencia.

Rechazar alimentos por un período corto de tiempo exige disciplina, concentración y la convicción suficiente para no ceder ante los reclamos del cuerpo, pero cuando la decisión se extiende, se suman los días y las debilidades, y sólo queda el recurso de las fuerzas morales para enfrentar las demandas de una humanidad que se derrumba. Entonces es cuando en verdad el huelguista se percata que tiene que nutrirse de su espíritu, viajar hasta lo más profundo de su ser para desgajarse de todo aquello que se ha vuelto lastre porque en verdad, su verdad en ese momento, es darse a la causa, transformarse en la luz que marcará el derrotero de los que podrán materializar los ideales.

Han sido muchas, desde el año 1959 a la fecha, las huelgas de hambre que han protagonizado los presos políticos cubanos. Huelgas individuales y colectivas. Algunas de estas huelgas incluían no beber agua, como una que padeció un amigo y compañero ya fallecido, Jorge Rodríguez Muro. Recuerdo todavía su relato, fue en la cárcel de la villaclareña ciudad de Remedios. Muro me contó sobre la desesperación de una sed de siete días que venció porque el enemigo se rindió.

Las huelgas de hambre se llevaron a muchos compañeros pero muchos más han quedado quebrantados de por vida, de una forma u otra la ya de por sí ruda prisión cubana ha dejado sus huellas pero a veces se aprecian más en aquéllos que con un coraje ejemplar asumieron el derecho divino de morir a su manera, pero que por diversas razones y motivos sobrevivieron a su empeño de partir como querían.

La Junta Directiva del Instituto de la Memoria Histórica Cubana contra el Totalitarismo reafirma, con este excelente trabajo del escritor J. A. Albertini, la voluntad de recoger todo el proceso de lucha del pueblo de Cuba contra la dictadura, el propósito de que se conozca la historia de aquéllos que con estilos diferentes pero iguales convicciones, enfrentaron la soledad, el miedo y la muerte para salir vencedores.

Pedro Corzo.
Presidente.

Instituto de la Memoria Histórica Cubana
Contra el Totalitarismo.

Febrero, 2007.

UNA OPINIÓN MÉDICA Y HUMANA

En la práctica médica habitual, conocemos la etiología de las enfermedades, y como tratarlas. En la huelga de hambre el dilema consiste, precisamente, en lo contrario. Sabemos, que accediendo el huelguista a una hidratación y nutrición adecuada se resolverían, de inmediato, la enfermedad y sus complicaciones.

Pero, pretender revertirlas por la fuerza, el engaño, o la persuasión desmedida, es ir en contra de las convicciones, que llevaron a un ser humano a una decisión en que compromete seriamente su salud y vida. Y pudiera ser más difícil cuando las ideas políticas del médico coincidieran con las del huelguista.

¿Qué hacer? Lo apropiado es mantener una neutralidad pro activa, que salve la vida del huelguista, como nos compromete el Juramento Hipocrático, independientemente de cualquier otra consideración.

El galeno se enfrenta a un paciente con una mirada rutilante, en las primeras etapas, que aparece en las personas convencidas de sus decisiones, con ese toque de lucidez mental que produce la acidosis metabólica del ayuno prolongado. El huelguista, para ahorrar de forma más o menos consciente un poco de energía, permanece inactivo o guarda cama.

El ayunante, en estas condiciones, muestra la piel seca, a consecuencia de la deshidratación y escaras en etapas terminales. La desnutrición y el desaseo se hacen presentes.

Indagar sobre los antecedentes médicos, personales y familiares, así como los hábitos tóxicos, y estado general de salud es obligatorio. También, acercarse a las motivaciones con empatía y sentido común es un reto: un arte, más que una ciencia, ya que en eso se sustenta nuestra profesión.

"Primero no dañar"; dice el antiguo refrán de la escuela salernitana. Y a eso dirigimos nuestros esfuerzos, junto a un equipo interdisciplinario que debe incluir enfermeras, nutricionistas, psicólogos y consejeros espirituales. Todo un lujo, inalcanzable, para los desamparados en Cuba.

Lo mismo sucede con los recursos terapéuticos como, entre otros, son: sueros endovenosos, antibióticos, oxígeno y vitaminas para hidratación, infecciones, disnea y avitaminosis, respectivamente.

Es importante señalar que la relación con los familiares y activistas políticos que rodean al huelguista requiere una atención especial, que solamente aporta un médico de confianza, ya que mientras las injusticias persistan en este mundo imperfecto, la protesta sublimada y ética estará presente.

Estar preparado científica y espiritualmente para afrontar esta situación límite, que es una huelga de hambre, constituye uno de los retos más arduos de nuestra profesión, junto al privilegio de ejercer la sanación en un ser humano con ribetes heroicos.

Dr. Santiago Cárdenas.
Febrero 2007.

PALABRAS NECESARIAS
Y UNA DEDICATORIA
CON MÁS DE UN SIGLO DE ATRASO

*"En ningún hombre el
conocimiemto va más
allá de su experiencia"*.
John Locke.

En los inicios del invierno del año 2005, en varias conversaciones sostenidas con Pedro Corzo, Saturnino Polón y Enrique Ruano, directores del Instituto de la Memoria Histórica Cubana contra el Totalitarismo, y demás miembros del ejecutivo, surgió la idea de plasmar en un libro las experiencias e impresiones de un grupo de presas y presos políticos cubanos que, en diferentes fechas, prisiones y circunstancias, tomaron parte, bajo el régimen tiránico de los castro-comunistas, en algunas huelgas de hambre, como recurso extremo para reclamar respeto a la dignidad e integridad física y mental de los reclusos.

Cuando en enero del 2006 se me pidió que acometiese la tarea de investigar y acopiar los relatos, para agruparlos en una obra testimonial, me sentí honrado, al mismo tiempo que pensé en la responsabilidad que para un escritor implica, sin dejarse influenciar por sus conceptos y opiniones, brindar un documento verídico, en el cual la emotividad y sinceridad de los exponentes esté pautada por la trascendencia histórica que labra la conducta humana y transforma las sociedades.

Los quince relatos, biografías y testimonios breves que, bajo el título de **Cuba y castrismo: Huelgas de hambre en el pre - sidio político,** se agrupan en esta obra, constituyen un desgarrón palpitante y actual de voz inextinguible que destila la sangre, siempre fresca y acusatoria, de la injusticia no reparada. Es una parte de la historia de nuestra patria, de esa historia que aún, día a día, las presas y presos políticos cubanos vienen, desde el año 1959, escribiendo en el ámbito bestial de las celdas tapiadas y mazmorras castristas.

Así mismo deseo, con este modesto trabajo, dejar constancia que detrás de cada uno de estos quince testimonios se agolpan los de todos los presos políticos cubanos que, en diferentes fechas y prisiones, participaron y prosiguen participando en estas heroicas huelgas de hambre, en las que no pocos ofrendaron sus vidas, en aras del decoro y la dignidad, que le enrostra al régimen castro-comunismo su matriz anticubana y perversa.

Y para concluir, confieso que las huelgas de hambre, por motivos patrióticos, me tocan de muy cerca, ya que desde que tuve uso de razón supe que mi familia estaba signada por un ayuno mortal.

Es por eso que, en las postrimerías de estas líneas, le dedico el esfuerzo modesto de este jirón de historia a la memoria de mi bisabuela materna, la villaclareña Dolores Rivero Pérez, quien en la Guerra de Independencia, "justa y necesaria" que pre-conizó José Martí, siguió a su esposo, mi bisabuelo, José Romero Pérez a la manigua cubana.

Ayudando y refugiada en un hospital de sangre y ranchería insurgente, en compañía de sus tres hijas pequeñas, a unos sesenta kilómetros de la ciudad de Santa Clara, una mañana el sitio fue asaltado, gracias a una delación, por fuerzas combinadas de voluntarios y soldados españoles. Los mambises que allí se reponían de heridas de guerra y enfermedades resultaron asesinados.

A continuación, mujeres y niños fueron conducidos a la ciudad de Santa Clara, donde se les recluyó en la cárcel municipal. Eran los años finales del siglo XIX y en Cuba, el gobernador colonial y general, Valeriano Weyler se ensañaba con los independentistas cubanos.

Su hija mayor, mi abuela Ana Dolores Romero Rivero, por entonces una niña de siete años de edad, por estar recogiendo leña, para cocinar, en el monte cercano, no fue apresada. Siendo yo un adolescente, ya muy anciana, abuela me contaba que su madre pidió que la liberaran pero al ser desoída su solicitud, optó por rechazar el agua y los alimentos escasos, tanto para ella como para las dos pequeñas. Las niñas de tres y cinco años murieron junto a la madre que, con veinticinco años de edad, en plena rebeldía, exhaló su último suspiro. Posteriormente, los tres cuerpos amados fueron lanzados a una fosa común.

Al indagar más sobre los motivos, abuela, mujer sencilla, se encogía de hombros y me respondía con mirada triste y ojos secos de lágrimas: " Mamá se *emperró;* dejó de tomar agua y comer".

J. A. Albertini.
Miami, invierno 2007.

17

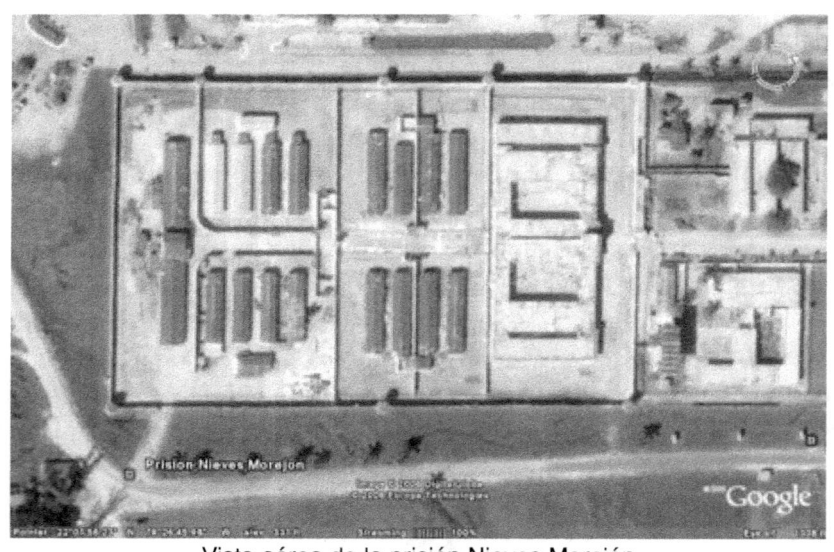

Vista aérea de la prisión Nieves Morejón

PREFIERE CULTIVAR LA TIERRA

Al cruzar el umbral trasero de su vivienda modesta, localizada en la ciudad de Hialeah, estado de la Florida, territorio de los Estados Unidos de América, el veterano combatiente dulcifica la mirada cuando contempla las pocas matas de tomates y hortalizas que cultiva en el reducido y cercado patio.

Toma una pala pequeña y encuclillado comienza a remover la tierra que le resulta seca y arenosa. "Tierra buena la de Cuba", piensa y con el dorso de la siniestra limpia el sudor que le nace en la frente y le enturbia la visión.

La tierra, desde pequeño, siempre lo fascinó. Primero porque un hombre de manos rudas y ademanes precisos, como su padre, la hizo florecer para llevar el sustento diario a la mesa del hogar campesino, donde él, junto a sus hermanos y hermanas, disfrutaba el placer de saber la procedencia de vegetales y cereales. También, la leche y diferentes carnes que se consumían a lo largo del año, incluyendo las celebraciones pascuales y de año nuevo, provenían de la cría de ganado vacuno, cerdos, chivos, carneros y aves de corral.

Luego, amó más a la tierra porque en la escuela primaria, del poblado de Abreu, descubrió el pensamiento vivo de un cubano que se llamó José Julián Martí y Pérez, quien a pesar de haber proclamado "la guerra justa y necesaria" y encontrar la muerte de cara al sol, dijo: "Vivir en la tierra, no es más que el deber de hacerle bien", y entonces supo por qué sus progenitores tenían esa serena y firme seguridad que aglutina a la familia y enlaza a la comunidad que depende del cultivo amoroso y agradecido de la tierra.

Adolescente, concluido el octavo grado de la enseñanza secundaria y ya en posesión, en edición popular, de las obras de José Martí, se produce un Golpe de Estado que estremece los cimientos de la República y suplanta la Constitución de 1940 por unos llamados estatutos.

Entonces, imbuído de ideas martianas y civilistas, toma las armas y se integra a la lucha guerrillera que el Segundo Frente Nacional del Escambray, junto a otros grupos armados, propugna y ejecuta desde la motañosa región central. Por entonces, y en reconocimiento a su valentía, los compañeros de lucha lo apodan *El Látigo.* Por su arrojo y disciplina obtiene grados de oficial.

Con el aparente triunfo del retorno a la constitucionalidad, sueña con dejar las armas y volver a la tierra. Pero pronto las promesas democráticas son traicionadas y un tirano totalitario, parido por la misma tierra madre; enarbolando doctrinas foráneas y con frialdad de momia esteparia, traiciona el esfuerzo e instaura una tiranía feroz, nunca antes conocida por los hijos de la Isla.

Retorna a la lucha, primero clandestina y luego armada. En una acción militar es detenido y condenado a diez años de prisión que se convierten en dieciséis, por negarse a aceptar el llamado plan de reeducación política. Método siniestro establecido por el régimen castrista para doblegar la voluntad y convicción de quienes mantenían en el presidio político cubano los mismos ideales democráticos que los llevaron a encarar largas y arbitrarias condenas.

RIGOBERTO ACOSTA DÍAZ

Confiesa haber nacido en el poblado de Rodas, antigua provincia de Las Villas, en el presente Cienfuegos, y acumular setenta años de edad. También, tener hijos en Cuba, a los cuales no vió crecer ya que al salir de las prisiones castristas, para partir al exilio obligado, apenas pudo compartir con ellos. A nietos y bisnietos solamente los conoce por fotografías, que forman parte de su liviano e invalorable equipaje personal.

Rigoberto, *el Látigo,* para amigos y compañeros de lucha, es un hombre de hablar pausado que se define como un guajiro cubano que desea, casi como vocación religiosa, volver a la tierra que lo vió nacer. Siempre y cuando esté liberada del castrismo. " Para eso hemos luchado, por eso sigo luchando", declara desde el fuego juvenil de su mirada recta.

Con orgullo cuenta que al poco tiempo de estar en el exilio, ya no tan joven, abandonó el bienestar de la democracia para ir, voluntariamente, a combatir con las armas contra la dictadura sandinista que con la ayuda de Fidel Castro pugnaba para perpetuarse en Nicaragua. Por sus conocimientos de lucha guerrillera, así como por su desempeño en los combates obtiene los grados de capitán.

Con pesar, porque dice "también eran cubanos", narra los crímenes y atropellos que el general castrista Arnaldo Ocha (posteriormente enjuiciado y fusilado por órdenes de Fidel Castro) cometió contra los indios misquitos, durante el tiempo en que comandó las tropas intervencionistas que Castro envió a la nación centroamericana para apuntalar a los hermanos

Ortega.

Luego, Rigoberto me muestra un tomate, rojo brillante, cultivado por él. Lo corta en rodajas y lo adereza con sal, ajo y aceite español. Corta un pan cubano en porciones abundantes que abre en mitades para, antes de unirlas, nuevamente, colocar el tomate aderezado.

"Come que tenemos mucho que recordar", dice. Me brinda una porción y le propina un mordisco de satisfacción a su pan con tomate.

J. A. Albertini: *¿Desde cuándo le apodan* **El Látigo***?*

Rigoberto Acosta Díaz: Los compañeros que estaban conmigo, siendo yo muy joven, en la lucha contra la tiranía del general Fulgencio Batista, me pusieron ese nombre. Después cuando me alcé, en las lomas con el Segundo Frente Nacional del Escambray, el apodo sustituyó al nombre. Hoy los amigos de muchos años de lucha me identifican por el Látigo.

¿Por qué, siendo joven y oficial de una revolución triunfante, dejó los privilegios del poder y volvió a tomar las armas contra el gobierno revolucionario?

Porque Fidel Castro nunca habló, propiamente, de una revolución. El habló, al principio, de que el presidente depuesto, Carlos Prío Socarrás, terminase su período constitucional. También habló de retomar y aplicar, como nunca se había hecho, la Constitución de 1940. Todo eso lo traicionó rápidamente.

¿Cómo y cuándo es detenido?

Bueno, para llegar al momento en que me detuvieron y por

qué fue, tengo que explicar un poco.

Al triunfo de la revolución fui nombrado jefe de la policía de Abreu, mi pueblo. Pero un día, en una reunión con algunos oficiales del Ejército Rebelde, en la ciudad de Santa Clara, yo era teniente, Camilo Cienfuegos planteó que aquello era una revolución socialista y radical. Al poco tiempo comenzaron las expropiaciones de tierra. Dijeron que sólo eran los grandes latifundios, pero hasta fincas pequeñas empezaron a caer. Incluso supe de pequeños propietarios que por no ser castristas o por problemas personales con algún jefazo del I.N.R.A. (Instituto Nacional de la Reforma Agraria) perdieron sus pequeñas parcelas.

Yo soy guajiro y sé que la tierra que más rinde es la que es cultivada por quien sudó sobre el surco. Además, la mayoría de los guajiros de Las Villas descendían de isleños. Los españoles de las Islas Canarias siempre fueron los más pobres. Eran tiempos en que en la propia España, sufrían discriminación y al llegar a Cuba la discriminación seguía por parte de las autoridades coloniales que siempre resultaban ser de la España Continental.

Por lo tanto, el campo cubano, con toda su dureza, fue quien acogió a los isleños. Mi familia descendía de isleños. La tierra es muy importante para nosotros.

Creo que se desvió de mi pregunta...

No, no me he desviado, pero tenía que explicar un poco. Lo que nos dijo Camilo Cienfuegos, en el Regimiento Leoncio Vidal de Santa Clara, junto con los abusos de poder de los que fui testigo, me llevaron a pedir la baja. Cuando me licencié ocupaba el cargo de jefe de la policía de Abreu.

Me reintegré a la vida civil y al poco tiempo, como ya se veía venir una dictadura de tipo comunista, empecé a conspirar con guajiros como yo que, por defender sus libertades y tierras, tomaron el camino de las armas.

¡Qué nadie se deje engañar!, el ochenta por ciento, o más, de los alzados en el Escambray, eran campesinos pobres que defendían el derecho a sus propiedades, o al sueño de, algún día, poder tener, con su trabajo, un pedazo de tierra propia, donde fomentar una familia.

¿Y mi pregunta...?

A ella voy. Procurando armas para alzarme en el Escambray, con un grupo de compañeros, el día siete de octubre de 1961, asaltamos el cuartel del ejército de Abreu. La cosa no resultó como esperábamos. Horas después fui apresado. Primero me pidieron pena de muerte, pero gracias a que aún estábamos en los inicios del castrismo y que el fiscal que hizo la acusación había luchado conmigo, contra la dictadura del general Batista, me sentenciaron a diez años de prisión. Causa 947 del año 1961.

Me llevaron, como muchos otros, al presidio de Isla de Pinos y cuando años después lo cerraron recorrí varias cárceles de Cuba.

¿De esos diez años de condena cuántos cumplió?

Los diez y seis más.

¿Por qué seis más?

Me recondenaron por reclamar mi condición de preso político y no aceptar el engañoso plan de reeducación, arma ideológica que trataron de emplear para quebrar nuestras convicciones patrióticas. Cuando me recondenaron, simplemente dijeron que yo era un peligro para la "sociedad socialista". No hubo juicio ni cargos. Señalándome con un dedo un esbirro de la Seguridad del Estado me impuso la pena extra. Así funcionan ellos.

Bueno, yendo ya al motivo central de esta conversación. ¿En cuántas huelgas de hambre participó?

En unas quince.

¿Qué motivaba, o motiva, a un preso político cubano, víctima del castrismo, a ir a una huelga de hambre, cuando es bien conocido que bajo el régimen totalitario, y sobre todo en las primeras décadas del mismo, muchas de estas protestas no trascendieron más allá de los muros y cercas de las prisiones?

Es cierto, muchas no se conocieron, y cuando nuestros familiares llegaban a enterarse, ya la huelga había terminado. Déjame decirte que la dirección del penal en el que se decretaba una huelga de hambre, si era necesario para sus propósitos de ocultamiento, le comunicaba a los familares que la visita y correspondencia quedaban suspendidas como castigo a determinada indisciplina de los reclusos.

De esas huelgas de hambre en las que participó, ¿cuál fue la que más lo impresionó?

Una en la que hubo un saldo fatal.

¿Dónde, por qué y cuándo sucedió?

Fue en la prisión Nieves Morejón, no lejos del poblado de Guayos, en la actual provincia de Sancti Spíritus. Si mal no recuerdo eso pasó entre los meses de julio y agosto de 1977. Y el motivo fue porque a un compañero, José Barrios Pedré, las autoridades del penal le habían negado, sistemáticamente, el derecho a que en las escasas, cortas y controladas visitas, la esposa le trajera una nietecita de tres años. El nunca la había visto y estaba deseoso de conocerla. Pedré ya pasaba de los cincuenta años; la alimentación deficiente, los malos tratos y la falta de asistencia médica lo habían convertido en un anciano débil que hacía tiempo padecía de presión alta.

Los amigos tratamos de que desistiera, le dijimos que eso podría costarle la vida, pero él insistió. Entonces un grupo, del cual formé parte, lo acompañamos.

¿Y un asunto personal y de índole sentimental justificaba ir a una huelga de hambre?

En una sociedad libre a un preso político y hasta común no se le niega un derecho tan elemental como es conocer a un hijo, en este caso un nieto. El régimen carcelario de Fidel Castro está diseñado para destruir al hombre; sobre todo cuando ese hombre es un opositor y luchador político de ideas democráticas.

Lo que Pedré y los que lo acompañamos hicimos fue demostrarles a los carceleros comunistas que nuestra dignidad humana podía, día tras día, ser maltratada pero no derrotada.

¿Cómo reaccionó la dirección del penal cuando ustedes se fueron a la huelga?

Nos aislaron en una celda de castigo y todos los días nos traían comida de buena calidad, como nunca antes la habían dado en Nieves Morejón. Por supuesto, la rechazábamos.

¿En alguna oportunidad fueron golpeados?

Deseos no les faltaban a los esbirros de la guarnición.

Nosotros éramos un grupo. Y ellos sabían, por experiencias pasadas, que si golpeaban a uno de los huelguistas el penal completo se podría sumar a la huelga. Optaron con, como te dije antes, tentarnos con comida y promesas no claras.

¿Cuántos días estuvo en la huelga y cuál era su estado físico?

Fueron diecinueve días de huelga, y cada día que pasaba me fuí, y los demás también, poniendo peor. Al final hubo ratos, horas, que sé yo, en que perdía la lucidez, imaginaba cosas y sentía que flotaba. Para entonces ya no tenía hambre ni dolor. En ese estado las cosas materiales poco importan. Delicados, que recuerde, se pusieron Martín Hernández, Eduardo Mesa, Isidro Pérez, en fin casí todos… A la mente no me vienen los nombres. Han pasado los años.

¿Cómo terminó la huelga?

Al final, a Pedré que, como dije, era un hombre mayor y tenía varios padecimientos, le dió un ataque al corazón. Llamamos a la guarnición y se negaron a darle asistencia médica si no dejaba la huelga de hambre. Ya Pedré no podía hablar, pero por señas dijo que se mantendría en la huelga.

Se puso tan mal que nosotros, sus compañeros, responsabilizamos a la dirección del penal de lo que pudiese suceder. Entonces se lo llevaron para la enfermería. Luego supimos que murió. Murió en los primeros días del mes de agosto. Recuerdo que hacía mucho calor.

¿Qué postura adoptó el resto de los huelguistas?

Al morir Pedré, poco a poco fuimos deponiendo la huelga. Lo habíamos apoyado hasta el final, pero ya él estaba muerto.

Si lo hubo, ¿cuál fue el triunfo?

El triunfo, como siempre pasó con las huelgas de hambre en el presidio político cubano, fue demostrarle a los comunistas que uno solo de nosotros tenía más amor a Cuba, coraje y dignidad que todos ellos, incluyendo al traidor de Fidel Castro.

¿Desea agregar algo más?

Sí, cuando llegaste para entrevistarme, te dije que desde joven aprendí, en las escuelas públicas de la Cuba republicana, a admirar y respetar las ideas de José Martí. Como ves, aquí tengo algunos libros, están viejos y manoseados, pero son de él.

Hace mucho, siendo casi un niño, memoricé un pensamiento de Martí que siempre me ha acompañado en la lucha por la libertad de Cuba. El Apostol dijo: "La tierra que da dolores, da a quien los alivia". Luchando por mi patría siempre me he sentido parte de ese alivio.

Enero 2006.

LE GUSTABA EL NEGOCIO DE LOS AUTOMÓVILES

Desde pequeño se aficiona a los automóviles. Los carros, como se dice en Cuba.

Por eso, en esta huelga de hambre que, en compañía de otros compañeros, sostiene en la prisión de Boniato, Santiago de Cuba, pasa buena parte del tiempo desarmando y armando, mentalmente, un motor de automóvil.

En el patio de la habanera casa familiar, tenía el viejo motor de un carro norteamericano. Allí, para disgusto de su señora madre y de la joven que la auxiliaba en los trajines hogareños, imperaban bielas, pistones, metales, cigüeñal, olor a gasolina y el consabido derrame de grasa.

Al compás de los recuerdos sonríe. Con nitidez absoluta rememora el sitio exacto en el que se coloca hasta el último tornillo. Nunca le sobró ni una arandela.

Vuelve a sonreír y siente que en la boca la saliva tiene consistencia de tela de araña.

Lleva varios días en huelga de hambre y un malestar generalizado, donde impera la opresión en la cabeza, como si sobre ella se apoyara un bulto pesado, lo desconcierta y pone de mal humor. Por eso, para aliviar los síntomas y comprobar que aún está alerta, apela al recurso de su viejo motor Ford.

Tener su propia agencia de automóviles, con talleres de mecánica y chapistería, siempre fue su sueño, aunque no por eso descuidó la superación académica.

Con buenas calificaciones termina los estudios de bachillerato y en la Universidad de La Habana se matricula en la Facultad de Ciencias Sociales, ya que su otra vocación es la política. La política como instrumento para hacer que un pueblo, un país, crezca y prospere en armonía.

Su entrada al alto centro de estudios coincide con el triunfo de la Revolución que derroca a la dictadura del general Fulgencio Batista.

Su padre, próspero constructor civil y militante del Partido Revolucionario Cubano (Auténtico), piensa y le transmite al hijo que la Revolución triunfante restituiría la Constitución de 1940 y retornaría a Cuba al sendero de la libertad y democracia.

La traición efectuada por Fidel Castro, a la democratización de la Isla, lo sorprende como alumno universitario, pero al mismo tiempo, gracias a sus estudios, trabaja con entusiasmo en la Sección de Prensa y Propaganda de la Central de Trabajadores de Cuba (C.T.C.).

Percatado que Castro aspira a implantar en Cuba un régimen totalitario, al estilo del imperante en la Unión Soviética, abandona la Universidad y se involucra con la sección estudiantil del Movimiento de Recuperación Revolucionaria (M.R.R.), de la que llega a ser coordinador nacional.

El fracaso de la invasión de Bahía de Cochinos, le propina un golpe demoledor a la resitencia interna. El cerco y acoso de la policía política de Fidel Castro (G-2) se estrecha y los movimientos clandestinos, así como la lucha guerrillera, por medio de infiltraciones, comienzan a pagar las consecuencias del descalabro de Playa Girón.

Un día 20 de mayo de 1962, contando diecinueve años de edad, es detenido. Sin dilación, oficiales de los cuerpos represivos inician los interrogatorios y las torturas en las que, aplicando técnicas aprendidas de los soviéticos, combinan el maltrato físico con el abuso psicológico.

Después de once meses de humillaciones y sufrimientos, en los calabozos del G-2, y comprobando los represores que no quebrarían al joven, en una parodia de juicio lo sentencian, en el mes de abril de 1963, a veinte años de prisión política.

El Presidio Modelo de Isla de Pinos, La Cabaña, Boniato y otras cárceles de Cuba conocen de sus años de encierro.

Pero, ahora está aquí, en la prisión santiaguera de Boniato, y en compañía de otros hermanos de cautiverio sufre los estragos físicos y mentales de esta huelga de hambre. Huelga de hambre en apoyo a un recluso ciego, al cual los carceleros castristas engañaron para así violar su decisión de mantenerse plantado, fuera del llamado plan de reeducación.

Vista aérea parcial de la Prisión de Boniato

EVELIO ANCHETA BRITO

Nace en la Ciudad de La Habana; barrio del Cerro, en 1942. Sus primeros años de vida transcurren en una Cuba libre que, aunque enfrentaba ciertas irregularidades, avanzaba con paso seguro en la consolidación de la democracia que emanaba de la Carta Magna de 1940.

El Golpe de Estado, propinado por el general Fulgencio Batista en marzo de 1952, encadena los logros democráticos y aborta la cercana elección presidencial.

Aún niño, asiste al desencanto que la interrupción del proceso constitucional causa en su padre, joven y próspero constructor civil, miembro del Partido Revolucionario Cubano (Auténtico) quien no aceptó que Carlos Prío Socarrás entregase, a los golpistas, la presidencia de la República sin haber defendido, hasta las últimas consecuencias, la investidura que, a través del voto popular, el pueblo de Cuba le había otorgado en 1948.

Siendo testigo de la lucha contra la tiranía de Batista consume lo que le resta de niñez y ya adolescente alcanza, modestamente, a contribuir en la lucha por la restitución del camino constitucional de Cuba.

El triunfo de la Revolución de 1959 y las promesas de Fidel Castro y otros líderes que la Constitución de 1940, nuevamente, sería puesta en vigor aviva las esperanzas de su señor padre que lo insta a cooperar con el proceso de cambios y rectificaciones que promete desterrar de Cuba, para siempre, el fantasma de los regímenes de fuerza y golpes de estado.

A la sazón, estudia Ciencias Sociales en la Universidad de la

Habana y labora en la Sección de Prensa y Propaganda de la Central de Trabajadores de Cuba (C.T.C.), donde aplica los conocimientos que está adquiriendo en el alto centro de estudios.

Ansía servir a Cuba, pero también sueña y ejecuta los primeros pasos para tener su propio negocio de automóviles, ya que desde niño se interesó por los vehículos automotores, su comercialización, cuidado y reparación.

Sin embargo, la puñalada artera que Fidel Castro Ruz le propina a las esperanzas y anhelos del pueblo de Cuba, hace que Evelio Ancheta Brito coloque los sueños de logros personales a buen recaudo y tome el único camino que la tiranía unipersonal de Fidel Castro no puede bloquear. El camino del enfrentamiento total y frontal que le acarrea, como al resto del pueblo cubano, años de lucha y sufrimientos, en los que será actor y testigo de toda la vesania y sangrienta bestialidad que el castrocomunismo desencadena sobre el archipiélago cubano.

Ha pasado el tiempo. Corre el año 1969 y Evelio Ancheta, aunque permanece en calzoncillos y en huelga de hambre, dentro de una celda tapiada de la prisión de Boniato, en Santiago de Cuba, se siente libre y su actual estado de debilidad física no es impedimento para que su espíritu rebelde y luchador, desde el camastro mugriento en el que reposa el cuerpo, se mantenga con la energía que anima a todo ser humano que lucha por la consecución de un ideal noble y justo.

No obstante, las horas y los días pasan. La no ingestión de alimentos se hace sentir en la materia y Evelio Ancheta Brito, como recurso de sanidad mental, vuelve a sus años de niñez y adolescencia. Está junto a su viejo motor Ford, al que arma y desarma en el patio de la casa solariega, con las consabidas protestas de su amada señora madre: "Esto, los recuerdos no me lo pueden quitar o atropellar", piensa y sonríe.

Al rato dormita. Dormita con la sonrisa del recuerdo dibujada en los labios.

J. A. Albertini: *Estando en el presidio político castro-comunista, ¿en cuántos movimientos huelguísticos de hambre participó?*

Evelio Ancheta: Sólo en uno. Aunque, en nuestros años de presidio respeté y admiré, sigo haciéndolo, a los hermanos que adoptaron, en determinadas circunstancias esa postura, yo no era partidario de las huelgas de hambre.

¿Por qué?

Porque el ser humano padece y físicamente se deteriora mucho. De todos es conocido que hubo muchos compañeros que murieron en diferentes huelgas de hambre. Pedro Luis Boitel es el más conocido y su ejemplo y sacrificio no deja de iluminar nuestra lucha por obtener la total liberación de Cuba.

Posteriormente, otros a consecuencia de los ayunos prolongados murieron víctimas del daño irreparable que sufrieron en determinados órganos vitales.

En el presente, aquí mismo, en el exilio, tenemos hermanos que por haber sostenido largos períodos de abstinencia alimenticia presentan en su salud secuelas irreversibles. Pérdida de la dentadura, el cabello, padecimientos gástricos, del corazón, locomoción, psicológicos, etc. No es necesario seguir enumerándolos.

Algunas de nuestras huelgas triunfaron en sus propósitos. Pero siempre fue un triunfo efímero, ya que el régimen de Castro y sus representantes jamás han cumplido lo que prometen. Y menos si tú eres un preso que está a merced de los esbirros de Cárceles y Prisiones.

Te hablo de una época que no es la actual. Me refiero a los

años de las décadas de 1960, setenta y parte del ochenta. Eran los tiempos en que no existía Radio Martí y las comunicaciónes por internet eran impensables.

Muchos de los movimientos huelguísticos no trascendían los muros de las prisiones y cuando se llegaban a conocer ya había pasado el tiempo.

Una huelga de hambre, para tener posibilidades de triunfo total o parcial, necesita difundir sus objetivos y eso requiere el concurso inmediato de los medios de difusión. Prensa plana, radial y televisiva.

Por ejemplo, en este momento, en que hablamos, en el Hospital Provincial de Villa Clara, Arnaldo Milián Castro, en la ciudad de Santa Clara se encuentra en una prolongada huelga de hambre el doctor en psicología y periodista independiente Guillermo Fariñas.

También, debo aclarar que hace mucho, desde el exilio, mantengo una relación de trabajo y amistad con el doctor Fariñas y cuando me dijo que, por los motivos de todos conocidos, se iba a declarar en huelga de hambre traté, sin inmiscuirme en su determinación, de hacerle ver que su vida y capacidades físicas y mentales eran necesarias para esta lucha y que mermarlas beneficiaba a la tiranía.

Me he desviado un poco al recordar a Fariñas, pero en definitiva lo que quiero expresar es que la huelga de Guillermo Fariñas, o la de cualquier otro cubano opositor dentro de la Isla, en la actualidad, sí goza de difusión gracias al incremento de las comunicaciones, a las cuales el castrismo no puede derrotar. Tal vez, interrumpir por cortos lapsus de tiempos, a un alto costo económico, como hacen con Radio y Televisión Martí y otros medios de Miami y el mundo. Pero en definitiva el mensaje, muchas veces en la voz de las propias víctimas, termina llegando al pueblo de Cuba y al resto de los países.

Ya te digo, los tiempos han cambiado.

Entonces;¿por qué un hombre, que se acaba de expresar cómo usted lo ha hecho, participó en una huelga de hambre, durante los años del hermetismo férreo que ejerció el castrismo en relación a la información?

Hubo un motivo humano que involucraba la violación, por medio del engaño a causa de una incapacidad visual, de los derechos básicos de un compañero preso político.

Pero primero te hago un poco de historia. Resulta que meses antes; yo diría en enero de 1969, un grupo de aproximadamente ciento veinte presos que nos manteníamos en calzoncillos y renuentes a cualquier tipo de entendimiento con las autoridades, que no comenzara por reconocer nuestro status de prisioneros políticos, fuimos trasladados, para arreciar el maltrato y los castigos, de la prisión habanera de La Cabaña para la de Boniato, en Santiago de Cuba. O sea, de un extremo a otro de la Isla.

Allí nos llevaron al edificio número cinco y nos aislaron del resto de la población penal. Me refiero a los plantados que ya estaban en Boniato y a los reclusos políticos que habían aceptado el plan de reeducación que el gobierno trataba de imponer para dividirnos.

Fuimos encerrados en grupos de dieciocho personas o menos en galeras pequeñas, húmedas y tapiadas, sin condiciones higiénicas ni habitacionales. Suciedad, roedores y cucarachas eran quienes verdaderamente imperaban en aquel sitio.

Por otro parte, la comida diaria más bien era simbólica.

¿Qué significa simbólica?

Yo le puse así, porque las pésimas raciones que nos daban únicamente eran para mantenernos vivos. Vivíamos con hambre constante y los huesos, las costillas se nos podían contar por encima de la piel. Las palabras no alcanzan para narrar el horror y el maltrato que, a lo largo de todo el presidio, soportamos.

La huelga; vamos a la huelga. Resulta que estando en las condiciones que ya describí, a pesar del aislamiento, nos enteramos que a un preso ciego, el Ciego Martínez, también plantado, con engaños lo habían vestido de azul y lo tenían entre los llamados reeducados o cuadrados. Cuando Martínez se dió cuenta del embuste protestó, pero como no le hicieron caso, se declaró, él solo, en huelga de hambre.

¿Cuándo lo trasladaron para los edificios del plan de reeducación, el Ciego Martínez no se encontraba con ustedes?

No, porque los plantados que habíamos venido de La Cabaña estábamos separados de los plantados que ya estaban en Boniato y que en su gran mayoría eran de la provincia de Oriente. Aunque entre nosostros había orientales. Pero, los de La Cabaña éramos un caso especial para la Dirección Nacional de Cárceles y Prisiones.

Por cierto, el nombre completo del ciego es Wilfredo Martínez y es nativo, porque está en el exilio, de la ciudad de Guantánamo. Sabes, personalmente, por entonces, nunca lo conocí, pero cuando terminemos la entrevista te diré una anécdota, para que veas como las piedras rodando se encuentran.

Antes de continuar con las incidencias de la huelga de hambre quiero contar, por qué Wilfredo Martínez perdió la visión. Es una historia digna de un cuento o película.

El padre de Wilfredo Martínez era, no sé si aún vive, un señor guantanamero que tenía, antes de la revolución y en los primeros tiempos de Fidel Castro, un negocio de suministros de verduras frescas a la Base Naval Norteamericana de Guantánamo. Digo esto, porque tal vez eso contribuyó, entre otras cosas que desconozco, a la detención, juicio y posterior condena a muerte de Wilfredo Martínez.

El asunto es que cuando le conducen en un vehículo para fusilarlo, Martínez se revira y trata de arrebatarle el arma a un custodio. Los guardias repelen la agresión y uno de ellos le propina un tiro en la cabeza.

Inexplicablemente, Wilfredo Martínez sobrevivió. Pero más insólito fue que le conmutaron la pena de muerte por años prisión. No obstante, quedó ciego, aunque intactas el resto de sus facultades mentales y físicas.

Interesante, pero volvamos al tema de la huelga.

Como he dicho, conocer el engaño del que fue víctima el Ciego Martínez hizo que nos hermanáramos con él. Luego de una votación optamos por irnos a la huelga de hambre hasta que Martínez no fuese reintegrado a los presos plantados.

Lo primero que hicimos fue deshacernos de cualquier alimento que hubiese en nuestras galeras. Le llamo alimento a un pedacito de pan duro, un poco de azúcar, etc. Asimismo, prescindimos de los medicamentos que no fuesen imprescindibles para la vida de un compañero.

A continuación le comunicamos nuestra decisión a la dirección del penal e iniciamos la huelga.

Sin embargo, la guarnición de Boniato prosiguió trayendo los alimentos que, para tentarnos, mejoraron mucho.

¿Durante el ayuno, qué síntomas experimentó?

Para mí, los dos primeros días fueron los peores. Me dolió el estómago. Con el paso de los días los compañeros me recomendaron tomar mucha agua pero al ingerirla sufría de arcadas. A veces llegué al vómito.

Quiero aclarar que no fueron tantos días de huelga. En realidad no llegaron a diez pero, particularmente, yo estaba débil. Por constitución física soy un hombre bastante fuerte. Sin embargo, el tiempo en calzoncillos en La Cabaña, así como los meses que llevábamos en Boniato, en condiciones peores, y ciertas afecciones que padecí, unido a las vicisitudes impuestas por los carceleros, habían afectado mi salud, a tal punto que ésa, mi única huelga de hambre, me la sentí, como dice el dicho popular, entre pecho y espalda.

¿Recuerda los nombres de algunos compañeros suyos que estaban en esa huelga?

Acordarse de todos es imposible, pero a la mente, ahora mismo, me vienen Enrique Cepero, Mario Díaz, álias el Arábe; Arnoldo Muller, Milton Salazar, Armando Valladares, Tony Copado, José Miguel Mendiola, Agustín Lanza... y otros muchos.

¿Cuándo finaliza la huelga?

La dirección del penal cede cuando comprende que estamos firmes en el reclamo y que la huelga se puede extender a otros edificios. Entonces, retornan a Martínez con los plantados. Te recalco, no con nosotros, los de La Cabaña, sino con sus antiguos compañeros de Boniato. De hecho nunca coincidí con el Ciego en mis años de preso político.

Semanas más tarde, tuvimos noticias que al Ciego, a causa de su protesta y la consecuente huelga de hambre que ésta generó, los guardias empezaron a maltratarlo de forma especial.

Hay una anécdota pendiente...

No se me olvida. La cosa es que estando ya en el exilio, por un tiempo tuve una agencia de seguros de autos. Pues bien, un buen día se me aparece un señor para asegurar su carro. Nos ponemos a conversar y me dice que fue preso político, que era oriental y de la ciudad de Guantánamo.

En resumidas cuentas, resultó que el hombre era el Ciego Martínez, que poco a poco, tal vez con algún tipo de tratamiento u operación practicada en los Estados Unidos, recobró la vista. No sé como pasó, pero el Ciego Martínez ya veía.

¡Ya ves como las piedras rodando se encuentran!

Abril 2006.

Mirando hacia el exterior desde una celda de la Prisión de Guanajay
Pintura de Miguel García Armengol

ALIVIAR EL DOLOR ES SU VOCACIÓN

Está en una celda pequeña en compañía de varios hermanos de lucha. Permanecen en calzoncillos. Todos, minutos antes, han sido salvajemente golpeados por presos comunes al servicio de la guarnición. Luego, sin recibir atención médica, llenos de hematomas y sangrando por las heridas infligidas, son hacinados en un calabozo.

Como es estudiante de medicina evalúa las magulladuras causadas a sus compañeros y a él. Roberto Torres tiene el rostro amoratado y la sangre se le coagula sobre las heridas. Jorge Valls, en condición semejante, yace sentado en el piso. Apoya la espalda contra la pared; mantiene los ojos entornados y parece musitar una plegaria.

Los días de huelga de hambre y sed, sumados a la paliza que acaban de recibir, lo exasperan al punto que aplica sus conocimientos de medicina para racionalizar la situación.

Los golpes y torceduras duelen. Pero la sed que llena la boca de sequedad desértica y corrompe el aliento está presente en la vigilia y el sueño para, por ratos, crear espejismos.

Sacude la cabeza, auxilia a Juan Ferrer y valora las causas que lo condujeron al presidio político, y a participar en esta huelga de hambre y sed que ya lleva varios días.

Al advenimiento del castrismo, la supresión de las libertades individuales y colectivas lo condujeron a una reflexión seria, de la cual emergió con la convicción firme que el régimen no dejaba otro camino que no fuese la confrontación violenta.

Estudiante de medicina, en la Universidad de La Habana,

toma parte en las actividades del recién fundado Directorio Revolucionario Estudiantil (D.R.E.), que lidereado por Alberto Muller y Juan Manuel Salvat, a través del periódico "Trinchera", alertaba contra la amenaza comunista que se avecinaba.

La lucha escala en intensidad. Perseguido en la capital por el G-2, la policía política del sistema, retorna a su nativo pueblo de Cruces, antigua provincia de Las Villas, en el presente Cienfuegos.

Por motivos de seguridad no se expone públicamante. Lleva una existencia semi clandestina e integra la dirección del Frente Nacional Democrático que, desde las ciudades, ayudaba al sostenimineto de las guerrillas anticastristas, afianzadas en el macizo montañoso del Escambray, y comandadas por Osvaldo Ramírez.

La represión de los organos represivos del régimen se recrudece. Las guerrillas se baten heroicamente contra un enemigo muy superior en hombres y avituallamientos.

El clandestinaje es penetrado. El estudiante de medicina Reinaldo Aquit Manrique es detenido y, sin mayores pruebas, condenado a diez años de prisión política.

Pensar en lo sucedido, junto al recuerdo de su hermano Diosdado asesinado, un diecisiete de diciembre de 1966, en los campos de trabajo forzados de Isla de Pinos, lo confortan y estimulan a sacar fuerzas de dignidad para proseguir en esta huelga de hambre y sed.

REINALDO AQUIT MANRIQUE

Nació un seis de abril de 1939 en el pueblo de Cruces, antigua provincia de Las Villas, en la actualidad Cienfuegos.

Su padre, comerciante local, muy querido y considerado, formó una familia unida y respetuosa de las tradiciones patrias y regionales.

Reinaldo, concluido los estudios primarios y secundarios, comienza el bachillerato en el Instituto de Segunda Enseñanza de la ciudad de Cienfuegos donde, por sus dotes de líder, llega a ocupar la presidencia del conglomerado estudiantil.

Finalizado el bachillerato, siguiendo su vocación, se traslada para la ciudad de La Habana; se matricula en la universidad capitalina y comienza los estudios de medicina.

Esto coincide con el derrocamiento del gobierno del general Fulgencio Batista y el triunfo del movimiento, de fundamentos constitucionales, que siete años antes se había iniciado para oponerse al Golpe de Estado del diez de marzo de 1952 y volver a implantar, en Cuba, la Constitución de 1940.

Fidel Castro Ruz, jefe de uno de los grupos que se enfrentaron al régimen del general Batista, valiéndose de la traición y el crimen, desplaza o elimina a los luchadores demócratas y en alianza secreta con los comunistas nacionales y la desaparecida Unión Soviética, en poco tiempo, se hace del poder absoluto, desatando feroz y mortal cacería contra todo cubano que pretendiese volver a la democracia, bajo el amparo de la Constitución.

Reinaldo Aquit Manrique no es ajeno a la escalada castro-comunista y empieza a participar en apasionadas tertulias estudiantiles, en las que se debaten los temas de la palpitante actualidad política.

Convencido de los propósitos totalitarios que animaban a Fidel Castro, se involucra, primero, en la lucha cívica y frontal. Sin embargo, la naciente tiranía, irrespetuosa de la oposición democrática, comienza por calumniarlos y acusarlos de "lacayos del imperialismo yanki", para luego pasar a la parte descaradamente represiva.

Reinaldo, cerradas las avenidas del diálogo democrático, opta por recorrer el único sendero que Fidel Castro y sus cómplices dejan. El sendero riesgoso del enfrentamiento total. Única vía por la que se podía, en aquellos tiempos, transitar para rescatar a la República.

Colabora con sectores estudiantiles y con los grupos guerrilleros que desde las montañas del Escambray, con las armas en las manos, combatían al ejército y milicias comunistas.

Sus actividades, cada vez más riesgosas, alertan a los delatores y cuerpos represivos castristas hasta que, en el mes de mayo del año 1962, es detenido en su nativo pueblo de Cruces.

Transcurridos unos meses de torturantes interrogatorios, violatorios de todos los artículos contenidos en la Declaración Universal de los Derechos Humanos, es sentenciado, por la causa número 151 del año 1962, a diez años de prisión que, a lo largo de la condena, se convertirían en quince.

J. A. Albertini:¿*Si fue condenado a diez años de prisión por qué cumplió quince?*

Reinaldo Aquit Manrique: Fui recondenado. La primera vez, al cumplir la sentencia original, me llevaron frente a la payasada de un llamado "tribunal revolucionario". Allí dijeron que me echaban dos años más porque se me aplicaba, lo que ellos llamaron: "Medida de Seguridad Post Delictiva".

¿Qué significa ese término?

Realmente nada. Fue otra arbitrariedad, de las tantas, que el totalitarismo castrista no ha dejado de cometer a lo largo de sus años de entronización en Cuba. Es lo mismo que las famosas condenas por "convicción moral". Ellos no necesitan pruebas para sentenciar a un cubano opositor a pena de cárcel o muerte. Simplemente lo hacen… y ya.

Posteriormente, sin volver a la payasada del tribunal, me añadieron tres más. Claro está, en el fondo todo lo que había es que nunca acepté el llamado plan de reeducación que inventaron para doblegar la moral y voluntad de los presos políticos. Los recondenados fuimos muchos.

A pesar de que hace años usted reside en Estados Unidos, el régimen castrista periódicamente, a través de sus órganos de difusión, lo acusan de terrorista. ¿A qué se debe eso?

Porque nunca he abandonado la lucha. El exilio, aunque no deseado, no pasa de ser otra trinchera de batalla. Siempre me he mantenido, y mantendré, activo, en tanto tenga vida y mi patria siga esclavizada.

Su hermano Diosdado Aquit Manrique fue asesinado en la prisión de Isla de Pinos, durante el tristemente recordado Plan de Trabajo Forzado Camilo Cienfuegos. ¿Ese infausto acontecimiento tiene que ver con su férrea determinación de combatir al castro-comunismo?

Diosdado, mi hermano, al que cariñosamente llamábamos Chachá, fue asesinado en plena jornada de trabajo forzado un diecisiete de diciembre, día de San Lázaro, de 1966. Chachá contaba treinta años de edad cuando fue ultimado impunemente. Atrás quedaban una viuda joven e hijos pequeños. Sufrí y lloré su muerte, pero otros compatriotas, hermanos de lucha, aunque no de sangre, también han perecido en esta contienda que el pueblo de Cuba, por más de cuatro décadas, viene librando contra la tiranía castrista.

Mi lucha carece de resentimientos y odios personales, porque cuando se contrae el compromiso de restituir a la nación la libertad y la justicia, sentimientos bajos y mezquinos como la venganza y la revancha tienen que ser desterrados del pensamiento y la conciencia.

Bueno, entrando de lleno en el motivo de esta entrevista. ¿Cuál fue la huelga de hambre que más recuerda o impactó a Reinaldo Aquit Manrique?

La huelga de hambre que más recuerdo, yo diría que todos los días viene a mi mente, fue la de hambre y sed que alrededor de ciento cincuenta y tantos presos plantados decretamos en la prisión de Güanajay, pueblo cercano a la ciudad de La Habana.

Esa huelga se inició en junio o julio del año 1968. Fue corta y muy dura, ya que, como expliqué, también fue de sed. El hambre se puede soportar mejor, y aunque el cuerpo sufre daños severos, un ser humano, dependiendo de su resistencia física, es capaz de pasar varias semanas sin ingerir alimentos, pero el agua sí es imprescindible. Basta alrededor de veinticuatro horas para que los efectos de no tomar agua empiecen a atormentarte de muchas maneras.

¿Qué los llevó a declararse en huelga de hambre?

Llegamos a Güanajay, en calzoncillos, transferidos de la

prisión de La Cabaña. Como recordarás estábamos en calzoncillos porque no aceptábamos vestir el uniforme azul de los presos comunes. En La Cabaña nos sometían a un régimen carcelario de mayor rigor, pero como no claudicamos, entonces nos llevaron para Güanajay.

Al principio, para ablandarnos en nuestra resolución, las condiciones mejoraron. Güanajay es una cárcel que posee o poseía, por entonces, mejores condiciones de confinamiento que la fortaleza colonial de La Cabaña.

Sin embargo, como no variamos la postura y persistimos en mantenernos en calzoncillos, las autoridades del penal comenzaron a apretarnos las clavijas.

Nosotros fuimos recluidos en el pabellón C, donde ocupábamos los dos pisos de abajo y los dos de arriba. El resto del presidio estaba lleno de presos comunes, con los cuales al principio no tuvimos contacto.

Pero la cosa empezó a complicarse cuando la comida, que hasta entonces era repartida por nosotros mismos, pasó a ser distribuida por los presos comunes.

¿Cómo es eso de repartir la comida?

La guarnición, para ahorrarse trabajo, acostumbraba a colocar las ollas o calderos con los alimentos a la entrada del pabellón. Entonces, equitativamente, nosotros servíamos las porciones.

Pero, como dije, un buen día los comunes, apoyados por la guarnición, se encargaron de esa labor.

Eso trajo problemas. Los delincuentes robaban los alimentos y nos ofendían de palabra. Consecuentemente hubo peleas a puñetazos en las que la guarnición favorecía a los comunes. Al mismo tiempo, la represión, medidas coercitivas y requisas, en las que colaboraban criminales envilecidos, se pusieron a la orden del día.

¿Y así se inicia la huelga?

Las causas que expliqué fueron el detonante. Horas antes de irnos a la huelga, como los ánimos ya estaban caldeados, Rigoberto Acosta, *el Látigo,* como le llamamos sus amigos, desprendió de la pared y rompió en pedazos un par de lavamanos.

La protesta comienza y nos recluyen en las celdas. No obstante, prosiguieron trayéndonos agua y alimentos que no tocábamos.

Alrededor de los tres o cuatro días de iniciado el movimiento, cuadrillas de criminales comunes, supervisados por guardias, comienzan de dos en dos a extraernos de las celdas y a golpearnos.

¿Ustedes se defendieron?

Hicimos lo que pudimos, pero estábamos muy débiles. Cada uno de nosotros tuvo que enfrentar, individualmente, a cinco o seis criminales.

A Roberto Torres y a mí nos sacaron juntos. Un grupo se encargó de él y otro de mí. Yo lance golpes a ciegas en tanto recibía una paliza enorme. Me pasaban de uno a otro y reían frente a mi indefensión.

Recuerdo como se burlaban y animaban llamándose por los apodos de presidiarios: " ¡Es tu turno Machete! ¡Rómpele la bemba Pirabeo! ¡Patéale la cabeza Mala Cara!"

¿Qué postura adoptó la guarnición de Güanajay frente al atropello?

Las autoridades del penal, en contubernio con la Dirección Nacional y Provincial de Cárceles y Prisiones, fueron los diseñadores de tan macabro plan. Por mi parte, puedo decirte que en medio del castigo bestial, pude distinguir a oficiales del Ministerio del Interior, sonriendo y controlando la actividad de los comunes.

¿Y después de las golpizas?

Antes de la golpeadura, en las celdas convivíamos una cantidad aceptable de hombres. Pero después de las palizas nos hacinaron en celdas más pequeñas de las cuales habían retirado las literas o camastros. No disponíamos de sábanas, colchas y toallas. Como el espacio era tan reducido para dormir, sobre el piso frío y húmedo, teníamos que turnarnos.

Imagínate estas condiciones. Y a eso súmale la paliza terrible que cada uno de nosotros había recibido.

A la mente me viene Roberto Torres, al cual le propinaron un castigo tan bestial que los ojos no se le veían por la inflamación. Todos estábamos cubiertos de moretones, heridas y sangre. Juan Ferrer, Jorge Valls, Justo Regalado y yo, en medio de los dolores y la sed, que por minutos se hacía insoportable, aún teníamos aliento para animarnos unos a otros.

A nivel personal; ¿cuál fue su peor momento?

La sed fue una molestia permanente. Pero luego de la golpiza la sed se convirtió en una agonía. Yo tenía la lengua inflamada. La boca seca y la sensación que en la garganta crecía una tela de araña que en cualquier momento me cortaría la respiración. Así y todo, a pesar de las inconveniencias, nos mantuvimos firmes. La justeza de los motivos que nos habían llevado a la huelga, junto a los ideales que nos condujeron a enfrentarnos al castro-comunismo, valían más que nuestras vidas propias. En aquel momento, como en tantos otros, la suerte estaba echada.

¿Cómo concluyó la huelga de hambre y sed?

La ganamos. Las autoridades castristas cedieron. Ellos entendieron que a pesar de las pateaduras que nos dieron, el empeoramiento de las condiciones de confinamiento y el deterioro lógico de un ser humano que no ingiere alimentos ni agua, estábamos determinados al sacrificio máximo.

¿De qué manera cedieron?

Los castristas, convencidos de la determinación que nos animaba y temerosos que se desatara, entre los huelguistas, una cadena de muertes consecutivas, a los ocho o nueve días del movimiento de protesta abrieron las celdas y anunciaron que accedían a las demandas.

No se me olvida que llegaron sosteniendo cubos llenos de agua tibia, endulzada con azúcar prieta.

En términos conciliatorios dijeron que ellos daban la huelga por concluida y que accedían a todas nuestras demandas. Hipócritamente, como familares preocupados, nos brindaron jarros de agua de azúcar y nos recomendaron que los tomáramos despacio.

Al principio no accedimos, pues no confiábamos en la palabra de ellos. Pero un alto oficial del Ministerio del Interior, nos dio seguridades.

Entonces, arrastrándonos o como podíamos, salimos de las celdas al pasillo.

Yo agarré una especie de jarro, creo que era una lata de leche condensada vacía, y me serví menos de dos dedos. Poco a poco ingerí el líquido. Me costaba trabajo tragar y cada buchito que llegaba al estómago me producía rechazo y sudores fríos.

Roberto Martín Pérez, cuyo relato también conforma este libro, me contó sobre la misma huelga de hambre.

¿Estuvo Roberto en esa huelga? Déjame pensar... Sí, Roberto Martín Pérez participó en esa huelga de hambre y sed. Lo que sucede es que él estaba en otro piso. Hace tantos años y han sucedido tantas cosas, en relación a la lucha contra el castrismo, que no es posible recordar todos los detalles y todos los rostros.

Una pregunta final. Mirando con pupilas retrospectivas. ¿Tuvo justificación lógica las huelgas de hambre en el presidio político cubano, así como las vidas que se perdieron en las mismas?

Por supuesto, aunque lamento, profundamente, las muertes de hermanos valiosos. Las huelgas de hambre fueron y serán un arma de lucha para enfrentar al castro-comunismo en el plano ideológico, o sea, el terreno de las ideas.

Ellos, los castristas, a pesar de haber tenido y en el presente tener el poder absoluto y emplearlo bestialmente contra toda manifestación de oposición democrática, jamás pudieron ni podrán lidiar satisfactoriamente contra un cubano, hombre o mujer, que reclame sus derechos básicos por medio de la huelga de hambre, ya que las mismas constituyen un grito de libertad genuino y desesperado. Contra eso ellos no pueden. Además, cada huelga de hambre que marcó el rostro del presidio político, con la consiguiente carga de mártires, son como pústulas en el cuerpo enfermo del castrismo.

Junio 2006.

Entrada de la Prisión de La Cabaña

CREE EN LA FAMILIA Y EL TRABAJO

La ingestión de un poco de agua le provoca arcadas. Un escalofrío de debilidad sudorosa le recorre el cuerpo y para no caer al piso se aferra al tubo de hierro que une las literas. Lucha contra la náusea; los músculos del estómago se contraen violentamente y el vómito de agua brota por boca y nariz.

Manos amigas lo sostienen y con palabras de estímulo lo acuestan en la litera.

El sudor y los temblores no cesan. Cierra los ojos; respira profundamente y comprueba que permanece lúcido. Tan lúcido que recuerda que hoy cumple veintiocho días de huelga de hambre y que ha perdido significativo peso corporal.

"De veinte años de condena llevo ocho cumplidos. A este paso no salgo vivo de aquí", piensa con ironía.

Está en la galera diez de la prisión de La Cabaña. Es el mes de septiembre de 1969 y encerrados junto a él permanecen más de noventa hombres; todos presos políticos plantados que se niegan a recibir alimentos, en tanto las demandas de atención médica, comida apropiada, derecho a correspondencia y trato acorde a la condición de prisioneros políticos que los ampara, no sean atendidas por las autoridades carcelarias.

Dentro de la galera el agua no abunda. Los hombres transpiran; llevan días sin asearse y el aire tiene un olor acre que Eddie imagina es una especie de masa sólida y contaminada que terminará por destrozarles los pulmones.

Un poco más recuperado abre los ojos. Fija la mirada en el bastidor del camastro superior y piensa con amor y respeto en la familia y el trabajo.

Desde muy niño, en su nativo pueblo de Yagüajay, al norte de la provincia de Las Villas, aprendió en el hogar y más tarde en la escuela que la famila y el trabajo son elementos fundamentales para lograr la armonía. Armonía con los padres, hermanos, la esposa, los hijos, y el amigo. En fin, con la comunidad y por extensión con la ciudadanía total.

Siendo Eddie joven, la famila se traslada para la ciudad de Santa Clara. Allí estudia con ahínco y se involucra en el negocio conducido por el padre.

Con paciencia y dedicación se convierte en un diestro mecánico automotriz. También de equipos agrícolas, industriales y de construcción. Junto al oficio de mecánico aprende a fabricar estructuras metálicas con las cuales erige naves para talleres y almacenes.

En medio de ese quehacer fecundo, Eddie ve llegar la dictadura del general Fulgencio Batista y como tantos otros jóvenes se le opone, convencido de que no existieron razones que justificaran la interrupción del proceso constitucional.

A contrapelo de la situación de guerra, que parte de la oposición al régimen de Batista desata en el país, la economía avanza y los negocios de la familia Artze prosperan y crecen.

Con el triunfo, el primero de enero de 1959, de la llamada revolución cubana, el pueblo de la Isla pensó que pronto se restituiría la Constitución de 1940 y que los partidos políticos serían invitados a participar en futuras y próximas elecciones.

No obstante, Fidel Castro traiciona los ideales democráticos que animaron la lucha contra el mandato batistiano y entroniza en el país una tiranía de hechura comunista.

Pronto, el ímpetu del totalitarismo castro-comunista comienza a inmiscuirse en la vida y actividades de los cubanos, mientras reprime, brutalmente, cualquier manifestación de descontento u oposición cívica.

Eddie, disgustado con el amordazamiento de las libertades ciudadanas, se envuelve en acciones conspirativas.

Sus actividades son tan osadas que depiertan las sospechas de la policía represiva del régimen. Es sometido a vigilancia intensiva y en noviembre de 1961 resulta detenido.

Meses de interrogatorios brutales y un juicio, llamado revolucionario, desembocan en veinte años de condena.

En la actualidad, aquí en la galera diez de la prisión de La Cabaña, discurre en lo ya acontecido. No separa los ojos del bastidor del camastro superior y comprende que la mejor postura que puede adoptar, en este mes de septiembre de 1969, es proseguir, junto a los hermanos de cautiverio, en la huelga de hambre hasta lograr los objetivos planteados:

"Si cedo en este empeño es como dejar de creer en la familia y no trabajar para procurar el sustento diario", se le ocurre la idea y un sentimiento de deber cumplido mitiga los estragos del ayuno.

Fosos de La Cabaña

EDDIE ARTZE MOLINA

Nace en el pueblo de Yagüajay, al norte de la provincia de Las Villas, un veintisiete de febrero de 1927.

En la década de 1940 la familia Artze, en busca de mejores oportunidades laborales, se traslada para la ciudad de Santa Clara, donde sus padres, Filiberto Artze y Clotilde Molina, prosperan en el negocio de venta de equipos agrícolas, piezas de repuestos y fabricación de estructuras metálicas para construir naves, destinadas a talleres mecánicos y almacenes.

Por entonces, Eddie estudia y trabaja en la empresa familar. Se convierte en mecánico ducho, constructor y administrador de los intereses familares.

Como cubano de consistencia democrática desaprueba el Golpe de Estado que en marzo de 1952, contra la constitucionalidad de la República, propina el ex presidente y general retirado Fulgencio Batista.

Por senderos cívicos se opone al gobierno golpista. Siete años más tarde, con el derrocamiento del régimen del general Batista, el primero de enero de 1959, Eddie piensa que pronto en Cuba volverá a regir la Constitución de 1940 y que en próximas elecciones será elegido presidente el candidato al cual el pueblo, mayoritariamente, le otorgue el privilegio de su voto libre.

No obstante, Fidel Castro Ruz traiciona a las agrupaciones políticas y revolucionarias de idearios democráticos para, en alianza con la desaparecida Unión Soviética y comunistas criollos, establecer en la Isla un sistema de tiranía férrea, unipersonal y marxista con acentuaciones feudales.

En menos de un año de su asalto al poder, el castrismo inicia una política represiva y absolutista que, entre otras cosas, no permite criterios divergentes ni libertad empresarial y económica.

Eddie, convencido del atraso servil y total que la tiranía de Fidel Castro le está imponiendo al pueblo isleño, emprende el camino de la oposición confrontacional e integra la dirigencia provincial del Movimiento Unidad Revolucionaria. Por entonces, el negocio de la familia Artze, como tantos otros, es expropiado e integrado a la llamada planificación ecónomica estatal.

En el mes de noviembre de 1961, Eddie Artze es detenido por la policía represiva del castrato. Posteriormente, en 1962, en el palacio de Justicia de la ciudad de Santa Clara, en compañía de otros luchadores democráticos, entre los que están Orestes Castillo Báez, Noemí Abreu, Abelardo Terreriro y Raúl Salado Lastra, es sentenciado a veinte años de reclusión.

Al ser condenado, Eddie Artze Molina desabriga el hogar, donde aguardan una esposa joven y tres hijos pequeños; dos varones de tres y dos años de edad y una hembrita que recién cumple los cinco meses de nacida.

J. A. Albertini: *¿Por qué y cuándo fue detenido?*

Eddie Artze: Caí preso un dieciocho de noviembre de 1961. Se me acusó de ser miembro activo de la dirigencia del movimiento clandestino y anti castrista Unidad Revolucionaria. Aquel día, y los subsiguientes, el G-2 de Santa Clara efectuó una amplia redada en toda la provincia de Las Villas.

¿Cuántos años de condena le impusieron y cuántos cumplió?

Me sancionaron, en Santa Clara, a veinte años de prisión. Causa número diecinueve de 1962. Me soltaron el veintiuno de septiembre de 1979, dentro del marco de los acuerdos que el gobierno del presidente norteamericano Jimmy Carter, suscribió con Fidel Castro para que liberara a un nutrido grupo de prisioneros políticos. Exactamente cumplí diecisiete años, diez meses y tres días. ¡Ah!, se me olvidaba, cuando fui liberado me encontraba en la prisión Nieves Morejón, cercana a la ciudad de Sancti Spíritus.

Mencione las cárceles en las que estuvo confinado.

Seguridad del Estado, o sea el G-2, Cárcel de Santa Clara, Presidio Modelo de Isla de Pinos, La Cabaña, Prisión de Manacas, más conocida como La Alambrada, y Nieves Morejón.

¿Durante sus años de encierro participó en protestas de hambre?

Tomé parte en algunas huelgas de hambre.

¿Por qué lo hizo?

En muchas ocasiones declararse en huelga de hambre era el recurso más efectivo que teníamos para reclamar los derechos mínimos, al que todo prisionero político tiene derecho. Recordemos que bajo el sistema castro-comunista las personas sancionadas por delitos comunes disfrutaban, por aquellos años, en relación a nosotros, de visitas regulares, mejor trato y alimentación. Es sabido que en algunas prisiones, no pocas veces, los comunes fueron usados por la guarnición para que nos golpeasen. Por supuesto, esto sucedía cuando los guardias procuraban que nosotros estuviésemos en desventaja numérica y física.

Realmente, los esbirros que integran el sistema de Cárceles y Prisiones de la tiranía, metiendo en el mismo saco a los torturadores psicológicos que ellos llaman "reeducadores políticos", el único objetivo que perseguían, persiguen y perseguirán, mientras el castrismo exista, es quebrar los principios y la voluntad del opositor democrático. Incluso, en ese intento siniestro de desvalorizar al ser humano, el asesinato premeditado forma parte del mecanismo.

Esas razones, y tal vez otras más que llevaría mucho rato analizar, en mi concepto, fueron las principales que nos empujaban a protestar por medio de la huelga de hambre.

Y de esas huelgas de hambre en las que participó; ¿cuál, en su concepto, fue la más importante?

Yo no diría la más importante en logros, pero por motivos personales la que siempre me viene al pensamiento fue la que, casi en su totalidad, los presos políticos plantados de La Cabaña, iniciamos un veintiocho de agosto de 1969 y la concluimos el primero de octubre. Fueron treinta y cinco días. Aunque, déjame decirte que Huber Matos, Tony Lamas y algunos otros, cuyos nombres no recuerdo, la prolongaron por mucho más tiempo. En esa huelga Huber Matos estuvo a punto de morir.

¿Cuáles fueron esos motivos personales?

Primeramente, no fui partidario de iniciar esa huelga. En el 1968 habíamos terminado otra, allí en La Cabaña, que fue ganada y que duró veintidos días. Muchos de nosotros, entre ellos yo, aún no estábamos físicamente del todo repuestos para lanzarnos a otro ayuno. Sin embargo, en reuniones democráticas, que efectuamos en cada galera, ganó la propuesta de huelga. Yo la acaté, pero una minoría que decidió no secundar la determinación fue transferida, por las autoridades del penal, para la galera siete.

Realmente, que yo recuerde, ésa fue la huelga, de todas las que se dieron en el presidio político cubano, que contó con una participación masiva. Más de ochocientos plantados, entre los que permanecían en calzoncillos y los que, como yo, vestían el uniforme amarillo, se unieron en la protesta.

El segundo motivo que tengo, para recordarla preferencialmente, fue que sufrí mucho desgaste corporal y emocional. Como te dije, anteriormente, todavía no me sentía repuesto de la huelga del 1968.

¿Qué síntomas experimentó?

Mareos, ganas de vomitar, debilidad generalizada, pérdida de peso, mal olor corporal y, por lapsos prolongados, un pesimismo nervioso que se acentuaba porque, para no contagiar a los compañeros con mi estado de ánimo, optaba por callar y aislarme. El silencio me empeoraba mucho más.

Usted, antes de comenzar la entrevista, me dijo que los treinta y cinco días que duro la huelga, los paso en la galera diez, junto a un promedio de noventa hombres. ¿Cómo, entre tanta gente, se las arregló para aislarse?

Permanecía horas acostado en la litera y con los ojos cerrados. Además, cuando los presos entrábamos en una protesta de ese tipo, siempre, aunque estuviésemos al tanto de la salud del hermano más cercano, procurábamos respetar la intimidad y los silencios ajenos, pues de no hacerlo así, dado el alto grado de tensión emocional en que se vivía, podían estallar peleas verbales o a puñetazos. Experiencias pasadas nos habían servido de aprendizaje.

¿Cómo reaccionó la dirección de La Cabaña, frente a tantos hombres en huelga de hambre?

Primero, yo diría, que sintieron temor, pues éramos muchos. Luego, trataron de convencernos, con promesas y amenazas, para que depusiésemos la actitud. También, se involucraron elementos de la Seguridad del Estado, de Cárceles y Prisiones y hasta enviados del propio Ministro del Interior. Sin embargo, proseguimos con la huelga.

¿Además de las amenazas recibieron maltratos físicos?

No lo hicieron, pero si instalaron múltiples bocinas por las cuales transmitían, constantemente, los efectos, a veces irreversibles, que una huelga de hambre prolongada causa en los seres humanos. Los carceleros, con lujos de detalles médicos, día a día, pregonaban la sintomatología que íbamos experimentando. Era algo agobiante. Sobre todo por las noches. En verdad, las bocinas no paraban.

¿Cómo concluyó la huelga?

Esa huelga de hambre fue muy complicada, ya que, como sabes, habíamos más de ochocientos hombres, repartidos en galeras diferentes, que los comunistas cerraron con candados para evitar la comunicación entre unos y otros.

Con el paso de los días la incomunicación, promesas, presiones y rumores, de todo tipo, produjeron los primeros grupos que depusieron el ayuno.

¿La ganaron ustedes?

Como ya sabes, a los treinta y cinco días, salvo las personas que hace un rato mencioné, los que quedábamos aceptamos terminarla. Realmente, no puedo decir si la perdimos o ganamos parcialmente. Lo que sí debo decir, porque es cierto, es que los castristas, sin dar el brazo a torcer, paulatinamente mejoraron nuestras condiciones. De malísimas, pasaron a malas.

Pero, en fin de cuentas, como otras tantas veces, les demostramos que frente a ellos, aun desarmados y débiles, sabíamos usar el arma de la dignidad. Y créeme, siempre se sintieron en desventaja moral frente a nosotros. Y aunque no todo el mundo comparta o entienda lo que digo, yo sé que es así. En ocasiones, vi en los rostros de muchos carceleros castristas el miedo que en los cobardes despierta un ser humano indefenso y martirizado, pero lleno de ideales.

¿Recuerda los nombres de varios de los participantes en la huelga?

Ahora mismo, me parece estar viendo el interior de la galera diez. Algunos de los que voy a mencionar, no estaban en mi galera, pero sí en la huelga. Recuerdo a Israel Abreu, Huber Matos, Tony Lamas, Carlos Mosquera, Ramonín Quesada, Abelardo Terreiro, Ricardo Vázquez, Elio Jorge Herrera, Reinaldo (el Chino) Aquit Manrique, los hermanos Elio y Eduardo Cuencio, Francisco (Panchito) Cordoba, Alberto Concepción... y muchos, muchos más... ¡Fuimos al pie de ochocientos hombres!

Octubre 2006.

Sección de la Prisión de Boniato conocida como Boniatico. A la izquierda lo que antes era el Pabellón 2 (A-C). A la derecha el muro o pared que se construyó –en medio del patio– para separar el edifio 2 del 3. Anexo a la pared una pequeña nave construida como botiquín o centro médico. El otro lado del edificio 2 es similar a éste, con la diferencia de que la nave construida es para la cocina. Obsérvese que desde el techo del edificio a la parte superior del muro hay una malla de hierro para evitar que desde el exterior se pudiese tirar algo hacia el patio de Boniatico.

QUISO SER PERIODISTA

Durante los treinta y cinco días que se mantiene en la huelga de hambre piensa mucho.

Piensa en las circunstancias que lo llevaron a enfrentarse al régimen de Fidel Castro y en su vida anterior, antes de la llegada del sistema totalitario de corte marxista.

Siempre quiso ser periodista, pero como no tenía edad para comenzar la carrera, un profesor le recomienda que, para ganar tiempo, comience a estudiar mecanografía y taquigrafía. Sigue el consejo y paralelo inicia los estudios de comercio e inglés.

Eran los tiempos de la dictadura del general Fulgencio Batista y para lograr una posición económica más holgada labora en una fábrica de calzado y más tarde como administrador de la peletería Lido. "La peletería Lido quedaba detrás del capitolio", cuenta evocando las cálidas tardes habaneras y el trato afable que siempre le dispensó a los clientes. Siendo muy joven y gracias a sus conocimientos de comercio, el propietario del negocio lo nombra administrador de la peletería.

Discrepa del gobierno, producto del 10 de marzo de 1952, pero no participa activamente en política y menos en grupos subversivos de métodos violentos y radicales. Lector voraz sabe que los días del General, como presidente de Cuba, están contados y que la democracia y la constitucionalidad terminarán imponiéndose.

Sin embargo, al derrocamiento del general Batista, gracias a una coalición de organizaciones revolucionarias, junto a las promesas de retomar el cauce civilista y restituir la Constitución de 1940, se ven traicionadas, en poco tiempo, al Fidel Castro Rúz eliminar las tendencias y propósitos democráticos del proceso y apropiarse del poder.

Los primeros en caer fueron los señalados como colaboradores del gobierno depuesto. A continuación, antiguos compañeros de Castro sufren persecusiones, destierros y cárceles, no siendo pocos los que pagan con su vidas, por medio del asesinato artero o frente a los pelotones de fusilamientos.

Como su vocación primera, a la que nunca renunció, fue el periodismo, la campaña de calumnias que el naciente castrocomunismo desata contra la prensa libre, apoyándose en el desprestigiado Partido Socialista Popular (léase comunistas criollos) y el diario oficialista Revolución, lo llevan, entre otros motivos, a tomar el camino de la lucha.

Se suma al Movimiento Demócrata Martiano, en el que ocupa varias responsabilidades hasta ser nombrado coordinador nacional, posición desde la que despliega una eficaz estrategia de lucha clandestina.

La persecusión de la policía política del castrismo, valiéndose de una bien estructurada red de infiltrados y delatores, produce, en el año 1962, su detención.

El tiempo ha pasado y ahora esta aquí. Está en la prisión de La Cabaña, antigua fortaleza construida por los colonialistas españoles, a la entrada de la bahía de La Habana, luego de la toma de la ciudad, en 1762, por los ingleses. Demoró once años la conclusión de la obra. Se inició en 1763 y se concluyó en 1774, a un costo de catorce millones de duros en oro. La Cabaña, además de ser un enclave militar, para los cubanos tiene una connotación triste y trágica que se remonta a la época de la esclavitud, guerras de independencias y gobiernos autoritarios, constituyendo el castrismo el régimen que más ha contribuido, por sus abusos y crímenes, a diseminar la historia negra del enclave militar.

Está aquí, en La Cabaña, es el año 1968 y permanece desde hace algunos días en huelga de hambre.

Por toda prenda de vestir lleva un calzoncillo mugroso. Yace en la litera y con la vista sigue el corretear de ratones, ratas y cucarachas dentro de la galera, para terminar desapareciendo y emergiendo, nuevamente, por entre los huecos y resquicios de las paredes de piedra.

"Si estos animales formasen una alianza y nos atacaran, no podríamos con ellos, ni aunque contáramos con el apoyo de la guarnición". La ocurrencia le arranca una sonrisa frágil. Traga la saliva espesa que le sabe a excremento y una náusea le contrae el estómago vacío.

Es su primera huelga de hambre y ha decidido que si sale con vida escribirá sobre la experiencia y los ideales que empujan a un hombre a tomar tan drástica resolución. Por algo siempre quiso ser periodista.

Siente un mareo ligero y cierra los ojos. Sabe que los roedores y las cucarachas están cerca y observan, pero a él ya no le importa. Quiere dormir; dormir y despertar en la peletería Lido: "Señora, le aseguro que éstas sandalias serán las más cómodas que haya tenido".

Parte inferior de una celda tapiada de la Prisión de Boniato

Dibujo de celdas no tapiadas de la Prisión de Boniato

ÁNGEL DE FANA SERRANO

Nació en la ciudad de La Habana un día veintinueve de enero de 1939. "Si llego a nacer un día antes, no hay quien me quite una canastilla martiana", bromea. Ángel es parte de una familia trabajadora y honesta. En el hogar nunca faltaron los elementos requeridos para la vida diaria y el desarrollo espiritual.

Desde pequeño deseó ser periodista y en consecución de esa meta se prepara, aunque termina estudiando contabilidad y trabajando en el sector del calzado, profesión que conoce a cabalidad y confiesa amar.

Sin embargo, el gusanillo del periodismo nunca lo abandona y lo lleva a convertirse en un lector voraz

Al advenimiento del castrismo, Ángel De Fana Serrano pronto comprende que Fidel Castro Ruz desea convertirse en gobernante absoluto de Cuba, como nunca antes nadie, incluyendo a los colonialistas españoles, lo había sido.

La confiscación de periódicos, revistas, emisoras de radio y televisión, así como cualquier otro medio de difusión masiva, le hizo ver el peligro que la llamada revolución cubana entrañaba para el pueblo de la Isla.

A principios del año 1960 Ángel sabe perfectamente lo que le espera a Cuba si la naciente tiranía llega a consolidarse; por eso no demora en sumarse a la lucha, desigual y heróica, que a todo lo largo y ancho de la Isla toma fuerza.

Guerrillas armadas proliferan en todas las provincias y la lucha clandestina involucra a estudiantes, obreros, profesionales y militares, descollando el papel protagónico y abnegado de la mujer cubana.

En el clandestinaje urbano marca su impronta de conspirador avezado en los frentes de propaganda, organización, finanzas, acción y seguridad. No obstante, al fin los órganos represivos del régimen lo detienen, y luego de un largo proceso de abusivos interrogatorios es sentenciado a una larga condena por, según la policía política, "actividades contrarrevolucionarias".

J. A. Albertini: *¿En que año es detenido y por qué?*

Ángel De Fana: El diez de septiembre de 1962 me detuvieron en la peletería Lido, donde trabajaba como administrador.

¿A cuántos años lo sentenciaron?

Después de un arbitrario proceso de investigaciones, aislamiento e interrogatorios despiadados, me condenaron, en 1963, a veinte años de prisión.

¿Qué cantidad de años cumplió y en qué prisiones estuvo?

Cumplí los veinte años que me echaron y siete meses más. Las cárceles en las que estuve fueron, Presidio Modelo de Isla de Pinos, La Cabaña, Güanajay, Combinado del Este y Boniato. No te las mencioné en orden del todo consecutivo, pero en ellas pasé buena parte de mi juventud.

¿Por qué siete meses más por encima de la condena?

Durante mis años de presidio político siempre rechacé los cargos que se me imputaron. Conspiré contra Castro, eso es cierto, pero lo hice, como la mayoría de los cubanos, porque el régimen cerró todas las vías de lucha política, civilizada y democrática que hacen crecer a cualquier sociedad. La represión injustificada del sistema me condujo a declararme preso plantado. Plantado a cualquier intento de aproximación a las autoridades que ilegalmente nos mantenían en cautiverio, plantado contra su sinuoso e hipócrita plan de reeducación, instrumento político que sólo buscaba humillar y desmoralizar nuestras convicciones de raíz martiana y civilista.

Esa postura de plantado le sirvió al castrismo para tomar represalias contra nosotros. Una de las peores fue reecondenar a los hombres que ya habían cumplido sus años de cárceles.

¿Cómo es eso de reecondenar?

Para los esbirros del sistema penitenciario, represivo y judicial del sistema resultaba muy sencillo. Te llevaban días antes de cumplir, o después, ellos nunca tenían apuro, frente a un llamado tribunal y te informaban que por conducta obstinada y contrarrevolucionaria le añadían a tu sentencia original una prolongación. Hubo quienes de reecondena en reecondena purgaron hasta seis o siete años más.

Ésa era la mejor de las formas porque al menos te enterabas que ya no te iban a poner en libertad. Otras veces no te informaban y eran sordos a tus reclamos. Yo estuve, sin saber nada, siete meses por encima de los veinte años que me habían echado. A todas estas mantenían, contra tus familiares, una campaña de hostigamiento, pues les decían que tú eras el culpable por insensible; negarte a "incorporarte a la sociedad" y no querer a nadie.

Por fin, ¿cuándo lo ponen en libertad?

En 1983, estando en calzoncillos en las tapiadas de la prisión de Boniato, la mayoría de los reecondenados se lanzan a una huelga de hambre exigiendo la libertad. Yo no fui a esa huelga. Sin embargo, como fue ganada, a mí también me soltaron. Claro está, el mayor interés de los castristas era que abandonáramos el país.

Todo esto es muy interesante, y una cosa enlaza con la otra, pero el propósito principal de mi visita es que me hable de cuál fue la huelga de hambre que más lo impactó.

Todas en las que se participan son importantes, porque ir a una huelga de hambre, en las prisiones castristas, es algo muy serio donde en el plano material tienes poco que ganar, pero sí mucho que perder. Se puede perder la vida, se puede perder la salud para siempre, incluyendo enfermedades como parálisis de las extremidades inferiores. A veces la parálisis es transitoria y otras permanente; a esa dolencia se le llama polineuritis.

Pero bueno, te hablaré de la primera en la que participé, porque en ella nos involucramos alrededor de ochocientos hombres. Todo el penal.

¿En qué año fue y en que prisión se encontraba?

Sucedió en el mes de octubre de 1968, en la Cabaña. Habíamos salido de Isla de Pinos en 1966 vestidos de amarillo y cuando llegamos a Cuba trataron que nos pusiéramos el uniforme azul. No aceptamos, y aunque en la Cabaña no nos golpearon para que admitiéramos la nueva vestimenta que nos querían imponer, para equipararnos con los comunes, sí nos suspendieron las visitas. La comida y la higiene empeoraron a niveles inhumanos. Vivíamos entre ratones, ratas, cucarachas y otras plagas.

Esta huelga tiene un antecedente que está ligada con la ropa.

Muchos de nosotros, como te dije, no aceptamos la ropa azul, pero sí volvimos a vestir, en aquella oportunidad, el uniforme amarillo que fue con el cual habíamos estado en Isla de Pinos. No obstante, un grupo ya tampoco aceptó el amarillo y optó por permanecer en calzoncillos.

Estos compañeros fueron situados en la galera doce y, por las mismas condiciones de vida, que ya conoces, se declararon en una huelga de hambre que duró alrededor de dieciocho días. Las autoridades accedieron a las mejoras reclamadas, pero cuando la galera doce depone la actitud, las promesas fueron incumplidas.

Esta burla, unida a que la dirección del penal empeora, aun más, nuestra situación, crea un fermento de huelga.

Entonces, en las diferentes galeras se comienza a discutir, por medio de asambleas, si íbamos o no a una huelga general.

¿Cómo fue ese proceso?

Sumamente democrático. Se nombró un delegado y vice delegado de huelga por cada galera. La mía, que era la diez o la once, no recuerdo bien, designó como delegado a Reynaldo (el Chino) Aquit Manrique. Mi galera, como otras, votó no ir a la huelga.

Sin embargo, al final nos sumamos a la protesta.

¿Por qué, si votaron en contra, terminaron apoyándola?

Por solidaridad, aunque hubo un grupo que no se sumó. Esos compañeros fueron congregados en la galera siete y luego trasladados a la prisión de Güanajay. Por lo tanto, después de la partida de ellos, el penal en pleno, éramos alrededor de ochocientos hombres, estaba en huelga de hambre.

¿ Cómo reaccionó la dirección de la prisión?

Una de las primeras cosas que hicieron fue indentificar a los delegados de huelga y aislarlos en celdas de castigo. También trataron de dividirnos con sugerencias y promesas. Siempre hacían lo mismo.

Ya declarada la huelga, ¿qué hicieron ustedes?

Sacamos de las galeras todo medicamento que fuese vitamínico. Unicamente se conservaron aquéllos que eran indispensables como analgésicos o cualquier otro tipo que respondían a tratamientos de enfermedades crónicas.

La guarnición no quizo responsabilizarse con los medicamentos de los que prescindimos, y entonces les dimos candela. Al final cedieron y se ocuparon de guardar los que se habían salvado del fuego.

¿Durante los días de huelga fueron ustedes maltratados?

Físicamente no. Incluso antes de la huelga, en ese periódo de La Cabaña, las autoridades preferían privarnos de lo cotidiano e indispensable para la vida. No obstante, constituyó una modalidad más sutil dentro de los variados métodos de tortura y humillación que practicaban contra nosotros. Ya de eso te he hablado.

¿Cuántos días duró la huelga?

Treinta y cinco días en los que sólo tomábamos agua.

¿Y en ese tiempo cómo se sintió Ángel De Fana?

¡Imagínate! Era la primera huelga de hambre en la que me

involucraba y tenía cierta aprensión a enfrentar los síntomas que inevitablemente aquejan a quien por días y semanas deja de alimentarse. Hay que tomar en cuenta que los alimentos a los que voluntariamente renunciabas, por años, te habían mantenido vivo pero desnutrido.

Los más difíciles son los primeros días. Te duele la cabeza, tienes ganas de vomitar y los mareos van y vienen. La saliva se te espesa, la boca te sabe a mierda y las articulaciones comienzan a dolerte.

Para darte ánimos caminas, lo más que puedes y conversas con los compañeros. Recuerdo mis charlas con Miguel Cantón, José Ramón Morell y Jorge Cirilo de Jesús Guzmán Chaple, entre otros. Por cierto, en toda huelga de hambre siempre hay a quien le gusta hablar de sus comidas y bebidas preferidas. Otros se molestan y surgen discrepancias amigables.

Así va pasando el tiempo y todos vamos empeorando, en tanto aguardamos a que las autoridades cedan a nuestras demandas. Demandas que, dentro de una nación civilizada, son mínimas.

¿Se llegó a sentir muy mal?

No tanto como temí. Pasé como todos. Tuve sueños un poco alucinantes y los síntomas que te describí. Se piensa mucho en la familia, los amigos y en los momentos gratos ya vividos.

Pero, quiero dejar aclarado que cuando los presos políticos cubanos del castrismo, y me refiero a la época de mi prisión, íbamos a una huelga de hambre colectiva era por un motivo muy poderoso, el cual había sido discutido y analizado, en reuniones democráticas, por todos. Consecuentemente, eso te fortalecía el espíritu y la determinación de llegar hasta el final.

Porque, en el fondo, para nosotros no era sólo una mejora en la comida o en la visita. También era la dignidad. Dignidad que periódicamente le demostrábamos a las autoridades castristas que estaba intacta y era superior a la de ellos.

¿Cómo terminó la huelga?

La dirección del penal prometió atender nuestros reclamos. Al principio fue así, pero a la larga terminaron volviendo a los mismos métodos de acoso y represión. Nunca olvides que ellos siempre nos aplicaron la fuerza desmedida y arbitraria. Nunca el razonamiento.

¿Y qué me dice de la huelga de hambre individual o de grupos pequeños?

Las hubo. Podías compartir o no el criterio de sus demandas pero hoy en día forman parte de nuestra historia.

Por cierto, una huelga de hambre individual que ya forma parte de la historia del presidio político y de Cuba, fue la que, en el Castillo del Príncipe, en el año 1972, le costó la vida al dirigente estudiantil Pedro Luis Boitel. La de Pedro Luis fue individual, pero el decoro y dignidad que emanó de su postura nos dignifica a todos. Él siempre está y estará presente.

Marzo 2006.

FUE DIRIGENTE SINDICAL

Al décimo día de huelga de hambre las autoridades carcelarias de la Prisión de Boniato, en la ciudad oriental de Santiago de Cuba, les retiran el suministro de agua.

Entonces, recuerda la amenaza que, horas antes, les formulara el mayor Israel Coba, director del penal: "Si no entran en razones también tendrán que hacer huelga de sed. Vamos a ver quién es más fuerte; ustedes o nosotros".

Mira los rostros, uno por uno, de los cuatro compañeros con los cuales comparte el cubículo enrejado y bosquejando un intento de sonrisa manifiesta: "Siempre supimos que esto iba a ser al duro y sin careta".

De uno de los camastros brota la voz de Pedro González, alias Chenequene, quien reafirma y pone una gota de humor: "Al duro, sin careta, pero tampoco sin guante".

Ríen al unísono y cada cual vuelve a concentrarse en sus pensamientos y la severa realidad que enfrentan.

José Manuel del Pino se sienta en el piso. Apoya la espalda contra la pared y, una vez más, mentalmente, repasa los acontecimientos que, desde una existencia normal de padre de familia, obrero y dirigente sindical, lo condujeron al encierro presente.

Nunca, antes de la llegada del castro-comunismo a Cuba, se había involucrado en actividades antigubernamentales. Durante la dictadura del general Fulgencio Batista, muchas de sus amistades optaron por, recorriendo diferentes vías, oponerse al régimen. Sin embargo, él prosiguió, por medios pacíficos y

79

sindicales, abogando por ventajas y conquistas laborales para el gremio que, a nivel de fábrica, representaba. Intuía que la época del general Batista pasaría, pero los logros del obrerismo cubano permanecerían y se incrementarían para solidificar una democracia genuina en la Isla, al amparo de la Constitución de 1940.

De una vida de estrecheces económicas, en un hogar honrado y moral, sostenido por la madre, obrera modesta, junto a cuatro hermanos más, aprendió que el trabajo libre es la fuente de la prosperidad familiar y nacional.

Lo asimiló siendo aún niño, cuando contando once años de edad, y recién concluido el grado quinto de le enseñanza primaria, tuvo que abondonar las aulas de la humilde escuela pública del barrio nativo para integrarse a la fuerza laboral.

Por entonces, desempeñó trabajos ocasionales y menores, no calificados, hasta que, de la mano de obreros solidarios y experimentados, aprendió el oficio de planchador de tintorería, al mismo tiempo que orientado por sindicalistas democráticos comenzó una serie de lecturas que compensaron, en gran medida, sus deficiencias académicas.

Con la asunción del despotismo castrista al poder político en Cuba, y la "toma revolucionaria" de la Central de Trabajadores de Cuba (C.T.C.) por elementos comunistas, José Manuel del Pino comienza a preocuparse.

Entonces, reflexiona sobre quienes eran algunos de los dirigentes y conductores del llamado proceso revolucionario que decía, entre otros temas, representar al obrerismo cubano.

Sus indagaciones lo llevan a conocer que el abogado Fidel Castro Ruz, hijo de un terrateniente, nunca había trabajado y que ni tan siquiera pudo mantener decorosamente, con el sudor de su frente o profesión de jurista, a su primera esposa e hijo. El hermano menor, Raúl Castro, desde muy joven profesó las ideas marxistas-leninistas; fue mal estudiante, jugador de gallos finos y bebedor contumaz que prefería hablar de revolución mundial y "ajuste de cuentas a los traidores" antes que de trabajo fecundo. De Ramiro Valdés Menéndez supo que por voluntad propia abandonó la enseñanza secundaria para vivir del juego ilícito, frecuentar salones de billares, bares y prostíbulos. Juan Almeida y Efigenio Ameijeiras jamás tuvieron oficio o trabajo permanente. El argentino Ernesto Guevara de la Serna, apodado el Ché, decía ser médico pero su historial lo señalaba como un pequeño burgués aventurero, con inclinaciones trotkistas e intelectuales, que al poco tiempo del desembarco de los expedicionarios del yate Granma, para patentizar su condición de revolucionario duro, mató de un disparo en la cabeza al campesino Eutimio Guerra, acusado de delator. Sin embargo, el encargado, por el propio Fidel Castro, como ejecutor de Eutimo Guerra fue el también miembro de la guerrilla Universo Sánchez, quien no ocultó su sorpresa ante la no solicitada e intempestiva participación del argentino. A partir de aquella primera muerte, reseñada en más de un relato histórico y biográfico, Guevara desata toda una serie de ejecuciones sumarias que encontrarán, en el año 1959 y parte del 1960, su orgía de crueldad y sangre en la colonial y habanera Fortaleza de La Cabaña.

Igualmente, José Manuel del Pino averigua y comprueba que quien, en aquel mes de diciembre de 1956, protege y alimenta a los exhaustos sobrevivientes del caótico desembarco de Playa Coloradas, es Crescencio Pérez, especie de patriarca campesino que en la cordillera de la oriental Sierra Maestra es reconocido como un próspero cultivador y vendedor de mariguana, ladrón de ganado, extorsionador y polígamo.

Impuesto de esta realidad y viendo el desmembramiento del movimiento obrero cubano libre, para sustituirlo por una esclavitud masiva, donde los jerarcas castristas y sus "mayorales", designados como dirigentes obreros y sindicales, expoliaban al trabajador cubano, al tiempo que lo despojaban de todos sus derechos, toma el camino de la conspiración. Conspiración que tiempo después desemboca en su encarcelamiento, largos interrogatorios, enjuiciamento y condena penitenciaria.

Hoy día veintiuno de octubre de 1982, está en huelga de hambre.

Permanece, junto a cuatro maltrechos compañeros, en un cubículo enrejado, de la enfermería de la prisión de Boniato. Todos han cumplido sus sanciones respectivas, pero por no someterse al llamado plan de reeducación penal terminaron siendo recondenados. Los huelguistas reclaman la liberación inmediata.

José Manuel del Pino piensa. Cavila, tras la reja que atrapa el suave otoño cubano, que un gobierno dirigido por vagos habituales no puede generar otra situación que no sea la verdadera explotación del hombre por el hombre. "Fidel Castro y su pandilla son vampiros ecónomicos, sociales y políticos del pueblo cubano", razona. Mira sus manos proletarias y una sonrisa de orgullo cruza su faz demacrada.

JOSÉ MANUEL DEL PINO GONZÁLEZ

Despertó a la vida un día veinticinco de marzo de 1936 en la ciudad de La Habana; barrio Jesús María.

Cuba vivía tiempos de cambios y la inestabilidad política ocasionada por la Revolución de 1933, que había derrocado la tiranía del general Gerardo Machado, no contribuía a estabilizar la economía del país, aunque un paquete de leyes revolucionarias, surgidas del proceso de cambio, apuntaban a un futuro mejor.

Su señora madre, trabajadora modesta, prácticamente sola, es quien lo cría junto a cuatro hermanos más.

A la progenitora abnegada no le resulta fácil procurar para la prole un techo decente, alimentación adecuada, ropa calzado y enseñanza escolar. No obstante, la hogareña estrechez económica, José Manuel y sus hermanos, desde que fueron abriendo los ojos a la vida, recibieron una educación amorosa, recta y decente, asentada en reglas básicas en las cuales la fe religiosa, el respeto a los mayores, la honradez y el amor al trabajo constituían la fuerza que cohesionaba y avizoraba un futuro mejor para la familia.

A los once años de edad, cursado el grado quinto de la enseñanza primaria, la miseria ronda a la familia y se ve obligado a trabajar en quehaceres ocasionales. Con el decursar del tiempo aprende el oficio de planchador y se especializa en el alisado a vapor.

Al irrumpir el castro-comunismo en la vida pública cubana, José Manuel, labora, como planchador, en la fábrica de trajes

"Compañía de Ropa en General". Allí devenga un salario decoroso y es dirigente sindical.

Por entonces, contrae matrimonio y la famila se amplía con la llegada del primer hijo.

Convencido que el obrerismo, por imposición de los jerarcas castristas, se encamina a la sumisión y esclavitud total, comienza a luchar para impedir la catástrofe laboral y productiva que se avecina.

En una primera etapa sus reclamos proletarios se desarrollan dentro de las reglas democráticas, pero al convencerse del despotismo autoritario que engendra y esparce el llamado "gobierno revolucionario", inicia contactos con otros sectores del sindicalismo libre.

La situación política del país por días se torna violenta, al tiempo que la alianza de Fidel Castro con la Unión Soviética, entre otros males, trae a Cuba una cruel y refinada represión policial que comienza a encarcelar, torturar y asesinar cubanos, bajo el eufemístico manto de "defender las conquistas de la revolución".

Enfrentado a la realidad cruda, procurando contribuir al rescate de la libertad plena para Cuba y sus ciudadanos, comienza a militar en el movimiento clandestino Ejército de Liberación Nacional.

En los meses finales de 1963 una delación conduce al apresamiento de un nutrido grupo de conspiradores entre los que se encuentra José Manuel del Pino.

En los capitalinos cuarteles de la policía política castrista, G-2, a los detenidos se les acusa de tratar de derrocar a la Revolución Cubana por métodos violentos, entre los que se contemplaba el asesinato de Fidel Castro Ruz. A pesar del aislamiento total, las torturas físicas y psicológicas, las pruebas aportadas por los investigadores y fiscales comunistas son pobres.

No obstante, en un juicio en el que las condenas han sido

decididas de antemano, todos los encausados resultan sancionados.

A José Manuel del Pino, quien está próximo a cumplir veintiocho años de edad, le imponen una pena de diociocho años de reclusión. Esto sucede en el mes de enero de 1964. José Manuel entra al futuro incierto del presidio político cubano dejando atrás a su joven esposa y dos niños pequeños; uno cuenta dos años de edad y el otro cincuenta y seis días de nacido.

J. A. Albertini: *¿A cuántos años de prisión fue sentenciado?*

José Manuel del Pino: A dieciocho años. Causa número cincuenta y tres de enero de 1964, pero fui recondenado. Además, de la sanción primera tuve que cumplir un año y tres meses más.

¿Por qué lo recondenan?

Por lo mismo de siempre; otros ya le habrán contado. No aceptar el plan de reeducación política, no reconocer delito alguno, no vestir el uniforme de preso común y sobre todo amar a Dios y defender la libertad.

¿Para recondenarlo lo sometieron a otro juicio?

A mí no, simplemente me dejaron preso y cuando pregunté el por qué, me dijeron que en la calle yo era un enemigo potencial. Pero sí hubo compañeros que fueron, en diferentes prisiones, llevados a un *paripé* de tribunal para decirles, entre otras cosas, que no los podían poner en libertad porque eran peligrosos para la sociedad socialista. En definitiva, que si querían volver a reunirse con sus familias tenían que aceptar el plan de reeducación política, que comenzaba con el reconocimiento y arrepentimiento, de parte del recluso, de los presuntos "delitos contrarrevolucionarios" por los cuales había sido sancionado. Todo un proceso de sometimiento y humillación.

Durante sus años de encierro, ¿en cuántas cárceles estuvo?

G-2 de La Habana, La Cabaña, Isla de Pinos, Güanajay, Combinado del Este y Boniato. Por cierto, en La Cabaña estuve en tres ocasiones diferentes.

¿Maltratos?

Todo el tiempo. Recuerde que a los presos plantados nos tenían en las secciones de mayor rigor. Allí, en ese tipo de encierro, las condiciones de un reclusorio promedio brillaban por su ausencia. Galeras, celdas y camastros, junto con la alimentación, eran dignas de animales. Requisas y golpizas no faltaban.

¿Participó en varias huelgas de hambre?

Si; en algunas tomé parte.

¿Los motivos?

Ya los conoce. No sólo por lo que yo pueda decirle, sino también por los testimonios de otros hermanos que a estas alturas ya habrá entrevistado. Los motivos siempre fueron los mismos.

¿Entonces, el móvil de la huelga de hambre que más recuerda no se diferencia de los anteriores?

No, en ésa intervino un elemento distinto. Fue que todos los que la declaramos éramos recondenados que exigíamos nuestra libertad. Eso sucedió en la prisión de Boniato, Santiago de Cuba.

¿Me cuenta?

Nos reunimos once recondenados que estábamos en calzoncillos y en pésimas condiciones de encierro. Evaluamos la situación que confrontábamos y, luego de analizarla, desapasionadamente, decidimos declararnos en huelga de hambre hasta que pusieran en libertad, no sólo a nosotros sino también a todos los recondenados que estaban dispersos en distintas prisiones, a lo largo y ancho de la Isla.

Pero, como sabíamos que para lograr un mínimo de posibilidades de éxito debíamos dar a conocer a Cuba y al mundo cual era nuestra situación, lo que pedíamos y lo que estábamos decididos a ejecutar para llegar a la meta, acordamos, antes de iniciar la protesta, redactar un documento y sacarlo de Boniato.

Héctor Cabrera, que estaba en el grupo, aprovechó una visita de su hermana Yolanda Cabrera y, valiéndose de las mañas que todo preso desarrolla para burlar a los guardias, le entregó el documento.

Cuando tuvimos la confirmación que la carta había salido de Boniato, conversamos con los demás presos plantados y les explicamos las razones que nos animaban.

¿Otros se sumaron?

Solamente Ismael Hernández que, por cierto, tratamos que desistiera porque estaba muy delicado de salud. Sin embargo, se fue a la huelga. Con Ismael llegamos a doce.

El resto, entre los que también habían algunos recondenados, optó por no ir al ayuno ya que dijeron que nuestra determinación era suicida. Realmente, ellos, que eran la mayoría, tenían argumentos sólidos para no secundarnos. No obstante, sus deseos y oraciones estaban con nosotros.

¿Cuándo se inicia la huelga?

El día diez de octubre de 1982 comenzamos a rechazar los alimentos. Agua sí tomábamos.

¿Cómo reaccionaron las autoridades de la prisión?

Enseguida vino a vernos el Mayor Israel Cobas, director del penal. Nos dijo que la solución del problema siempre había estado en nuestras manos.

¿Y cuál era esa solución?

Muy sencilla, para ellos. Que aceptáramos el plan de reeducación política y que él, Israel Coba, director de la prisión de Boniato, nos aseguraba que en pocos meses todos estaríamos en libertad.

¿Respuesta...?

Un no unánime. Y le recordamos que al no ponernos en libertad ellos estaban incumpliendo sus propias leyes, a la vez que violaban los derechos humanos nuestros y el de los familiares que tenían que recorrer largas distancias, desde diferentes lugares de Cuba, para visitarnos. Visitas que la mayoría de las veces eran suspendidas arbitrariamente, y de cuya supresión la esposa, la madre, los hijos, o los hermanos, se enteraban a las puertas de la prisión, con la consabida pérdida de tiempo, a causa del transporte deficiente, recursos económicos y alimentos que dejaban de ingerir para traérnoslos y que, casi siempre, terminaban descomponiéndose entre el viaje inútil de ida y vuelta, que regularmente les tomaba más de una semana.

A partir de esa contesta, ¿qué medidas adoptaron las autoridades de Boniato?

Aunque, como ya le dije, el resto de los plantados no se sumaron a la huelga, el Mayor Coba, temiendo que nuestra presencia entre ellos pudiese terminar ganando adeptos, resolvió aislarnos.

¿Dónde los colocaron?

En la enfermería de la prisión habilitaron tres cubículos enrejados y allí nos llevaron.

En dos fuimos repartidos once de nosotros y en un tercero, dado su delicado estado de salud, fue recluido Ismael Hernández.

¿Por qué no los encerraron en las celdas de castigo habituales?

Esta huelga sucede a finales del año 1982. Es la época que, a nivel mundial, está tomando auge la lucha por los derechos humanos y contra la tortura. También la Cuba de Castro comienza a ser vigorosamente señalada como violadora de todos los artículos de la Declaración Universal de los Derechos Humanos.

Por otro lado, el documento que habíamos logrado sacar de Boniato ya se conocía dentro de la Isla y en el extranjero. Esas circunstancias y la esperanza de las autoridades carcelarias de que terminarían quebrando nuestra resistencia, pienso que fue un elemento favorable para que nos mantuviesen en la enfermería. No obstante, no vaya a pensar que por estar nosotros en la enfermeria el trato fue mejor. Los castristas siempre son iguales; ventajistas y abusadores hasta la médula. Prueba de lo que digo es que al décimo día de huelga de hambre, y viendo como todos los argumentos que esgrimían para convencernos de que depusiéramos la actitud chocaban contra nuestra resolución, el Mayor Israel Coba, frustrado y prepotente, nos dijo: "Si no entran en razones también tendrán que hacer huelga de sed. Vamos a ver quién es más fuerte; ustedes o nosotros".

¿Les suspendieron el agua?

Así fue. Durante quince días cortaron el suministro de agua. Para nosotros fue muy duro ya que esa variante no figuraba en nuestros planes.

¿Cómo encararon el nuevo desafío?

Con determinación y como nunca tuvimos la intención de hacer huelga de sed, nos propusimos violar la imposición cada vez que pudiéramos. Lo logramos en dos ocasiones.

¿De que manera adquirieron agua?

Cada cubículo tenía un inodoro al que surtían de agua una vez al día para evacuar el orine y los excrementos, cuando los había. Ese trabajo lo realizaba un preso común que descargaba el inodoro, limpiaba la taza con creolina y llenaba el tanque con agua limpia, a la que le ponía desinfectante abundante. Después le hacía una seña a un guardia que durante la operación permanecía, desde la reja del cubículo, antento para que le ordenase a otro cerrar la llave de paso. O sea, de esa agua era imposible tomar. Sin embargo, por señas en dos oportunidades logramos entendernos con el común para que demorase ponerle creolina al líquido. Entonces, uno de nosotros se las ingeniaba para entretener al guardia de la reja y otro con una lata pequeña, disimuladamente, tomaba un poco de agua que luego nos servía para mojarnos los labios y tragar un poquito.

Al final fuimos descubiertos, el común desapareció y el agua cortada por completo. Tampoco hubo más creolina. Dentro de los cubículos el olor llegó a ser insoportable.

Nárreme un poco cómo usted se sintió durante los días que permaneció en esta huelga de hambre.

Físicamente mal, ya que cuando entré en la huelga tampoco estaba bien. Llevaba, como los demás presos políticos plantados en Boniato, meses de aislamiento, malos tratos y comida pésima. A causa de esa realidad rápidamente sentí los estragos de la falta de alimentos.

Tal fue así, que una tarde, cuando aún no nos habían cortado el agua, me senté desnudo en el piso, cerca del inodoro, para de un tubito de cobre que salía de la pared llenar un jarrito de agua y echármelo por la cabeza. Necesitaba refrescarme.

La cuestión fue que al terminar traté de incorporarme y no pude. Las piernas no me respondieron y experimenté un desplome total. Ayudado por mis compañeros, que no estaban mucho mejor que yo, llegué hasta el camastro, donde bañado en sudores fríos me derrumbé.

Pero lo peor vino cuando nos cortaron el agua. Aquello fue tremendo. Imagínese quince días, contra nuestra voluntad, sin ingerir líquido alguno. Solamente, en las dos oportunidades que ya le mencioné, obtuvimos un sorbo de agua.

¿Además del agua, qué otros procedimientos usaron las autoridades carcelarias para que ustedes depusieran el ayuno?

En esta oportunidad no emplearon el maltrato físico, pero sí mucha presión psicológica. Altos oficiales de Cárceles y Prisiones y de la Seguridad del Estado, de niveles provinciales y nacionales, nos visitaban constantemente con sugerencias y promesas.

¿En qué consistían esas sugerencias y promesas?

Nos sugerían que le escribiéramos directamente al Ministro del Interior y que suavisáramos nuestros reclamos. Por otro lado nos prometían, siempre y cuando abandonáramos la protesta, atender a nuestros planteamientos.

Y como era habitual, nos acusaban de no querer a nadie, de no pensar en nuestras familias porque éramos un grupo de egoístas antisociales y contrarrevolucionarios.

¿Qué respondían ustedes?

Desde un principio tuvimos una sola contesta. O cumplían con los puntos que planteábamos o los doce moriríamos en la huelga. Los seres humanos, por capricho de un semejante, no fueron creados para vivir en cautiverio perpétuo, muchas veces añadíamos.

¿Cuál fue el saldo final?

Triunfamos, pero antes quiero hablar un poco más de los estragos que sufrí durante la huelga. También, los demás pasaron por algo igual o semejante.

Como ya le dije, con el paso de los días fui experimentando

debilidad muscular y pérdida acelerada de peso. Esto me obligaba a permanecer acostado. Luego, cuando nos retiraron el agua las cosas empeoraron. A mí, particularmente, se me agrietó la lengua y la sed constante llegó a desesperarme. Para tratar de hidratar el cuerpo me tendía en el piso de concreto frío, buscando algo de humedad.

A veces las voces de mis compañeros me llegaban como de muy lejos y cualquier respuesta tenía que pensarla más de lo normal. Cuando hablaba la voz salía baja, fina y murmurante. Me parecía que no era la mía. Las palabras no alcanzan para describir lo que realmente siente un ser humano cuando lleva muchos días privados de alimentos y agua.

Volviendo a la pregunta; triunfamos. Sí señor, triunfamos y tuvieron que acceder a todas nuestras demandas, incluyendo el excarcelamiento de todos los presos políticos recondenados.

No obstante, los castristas pusieron una condición, y fue que todo recondenado que fuese liberado tenía que abandonar el país, lo más rápidamente posible. Para ellos, personas como nosotros siempre seríamos un peligro.

¿Por qué piensa que consintieron a todos los reclamos?

Por un lado nosotros, los doce, les demostramos a los comunistas, con nuestras acciones, que salíamos de la prisión vivos o muertos, pero que de todas formas salíamos. Por otro lado, los presos recondenados cada vez eran más y la opinión pública mundial, a través de organizaciones de derechos humanos, estaba al tanto y denunciaba la situación de abuso que existía dentro de las prisiones políticas del régimen de Fidel Castro.

Cuba, por aquellos tiempos, era la única nación del hemisferio occidental que mantenía, indefinidamente, como rehenes políticos a hombres que habían cumplido sus condenas. Eso, en definitiva, no le convenía a la imagen de revolución humanista que Fidel Castro vendía hacia el exterior. La época del silencio, indiferencia y complicidad, de muchos países y gobiernos con el sistema castro-comunista de Cuba, comenzaba a romperse.

Concretando, ¿Por cuántos días se extendió la huelga de hambre y quiénes fueron los huelguistas?

Duró veinticinco días. La iniciamos un diez de octubre de 1982 y terminó el cinco de noviembre del mismo año. De esos veinticinco días estuvimos quince sin agua. Y repito, sucedió en la prisión de Boniato, junto a la ciudad de Santiago de Cuba, provincia de Oriente.

Los huelguistas fueron: Servando Infante, Roberto Azcuy, Pedro González, alias Chenequene, Pedro Montey, Julián Domínguez, Santos Miraval, Eduardo Capote, Alejandro Novo, Hector Cabrera, Augusto Duque Favelo, Ismael Hernández y yo, quien le habla, José Manuel del Pino González.

Octubre 2006.

ALMA INDOBLEGABLE

Sabe que hoy es primero de abril de 1981 y que el próximo día nueve cumplirá cinco meses de mantenerse en huelga de hambre. Respirar le cuesta trabajo y presiente que si el sueño lo somete ya no despertará. En realidad no le teme a la muerte como tal. No obstante, le importa no mostrar síntomas de abatimiento frente a las autoridades castristas que lo presionan para que, doblegado en sus principios democráticos, deponga el ayuno.

A duras penas logra sentarse en el concreto que funge de camastro y que, por su condición de dureza y frialdad, mentalmente lo compara con un túmulo. El hecho simple de, a medias, erguir el torso le provoca palpitaciones fuertes. La vista se le nubla; el cuerpo maltrecho se afana por obtener oxígeno y el esfuerzo hace que la osamenta se destaque bajo la piel frágil, reseca y agrietada.

Exhausto, se desploma. En la celda pequeña, tapiada y de castigo hay oscuridad. A sus oídos llega el chillido de ratas que disputan y que tal vez, en un rato, suban al lecho para olisquear y morderlo en los pies. Pero ya no le importa, como tampoco le importó el sabor áspero de la cucaracha que en días pasados, en un momento de duermevela, se le introdujo en la boca.

Sin embargo, esos inconvenientes no le provocan malestar mayor, pues los enfrenta con la convicción que forman parte del proceso de lucha que, como integrante del pueblo de Cuba, libra contra la tiranía castro-comunista.

Ernesto cierra los ojos y para obtener un poco de alimento

recurre a la energía mental que, paradójicamente, crece a expensas de la materia estropeada.

Piensa en los motivos que lo llevaron a oponerse al castrismo. Recuerda cuando, siendo un joven pescador, en su nativo pueblo de Cojímar, precisamente en el año 1959, Fidel Castro Ruz, arbitrariamente se adueña del proceso que derrocó al dictador Fulgencio Batista y se impone para comenzar a dar los primeros pasos que conducirían a la dictadura.

Ernesto no olvida el deslumbramiento que Fidel Castro experimentó al descubrir el pueblo de pescadores de Cojímar. Tampoco el lujo y egoísmo aristocrático que destapó al apropiarse de la vivienda, o mansión, más lujosa del enclave marino.

Por entonces, a principios de 1959 y con la aureola de revolucionario intachable, Castro se reúne con los pescadores de Cojímar y les propone descontarles dos centavos por libra de piezas capturadas, con la promesa que a finales de año el dinero les sería entregado con una recompensa, gracias al ahorro.

En las navidades de 1959, el ofrecimiento a los pescadores no fue cumplido. En esa fecha, Fidel Castro, sin hacer acto de presencia, empleando a algunos incondicionales de la región, convoca a una reunión en la cual los trabajadores del puerto pesquero son informados que la dirección de la revolución decidió retribuirles diez o quince pesos y apropiarse del resto del dinero para desarrollo de la revolución.

Ernesto, en la actualidad, atestigua que los pescadores, individualmente, fueron estafados en más de trescientos pesos.

Aquella expropiación arbitraria despierta en el joven Ernesto Díaz Rodríguez el fermento de la oposición democrática. Al poco tiempo se relaciona con el grupo revolucionario Segundo Frente Nacional del Escambray. De esa agrupación escucha los planteamientos cubanos y constitucionalistas que sustentan los comandantes Andrés Nazario Sargent, Lázaro Asencio y el capitán Evelio Vera. Luego conoce al Dr. Armando

Fleites y a Eloy Gutiérrez Menoyo, líderes políticos y militares de la organización que tanto luchó desde el macizo montañoso del Escambray, en el centro de la Isla, contra la dictadura del general Fulgencio Batista.

Plenamente impuesto de los desmanes y arbitrariedades que la incipiente dictadura castrista desarrolla contra el pueblo de Cuba, ocupa un modesto lugar en la lucha. Perseguido por los esbirros de la tiranía, y gracias a sus conocimientos de navegación, un trece de marzo de 1961, vía marítima, en compañía de once personas más, abandona la Isla.

En el exilio prosigue contribuyendo para llevar la libertad y la democracia a Cuba. Como capitán de barco, participa en misiones riesgosas de infiltración, llevando a las costas de la patria hombres y pertrechos bélicos. En 1962 integra la directiva del movimiento anticastrista Alpha-66. Por entonces se intensifica la ofensiva contra el régimen comunista presidido por Fidel Castro. Ernesto entra y sale, en varias oportunidades, del territorio cubano, hasta que un cuatro de diciembre de 1968, en una operación de infiltración, por la provincia de Pinar del Río, en la que es acompañado por Felipe Sánchez Olivero, Emilio Nazario Pérez y los ya fallecidos Antonio Manuel Rodríguez Lorenzo y Emeregildo Rodríguez, es capturado luego de días de combates desiguales y encarnizados.

Hoy, primero de abril de 1981, luego de recurrir a su potencial anímico y repasar los motivos que lo encauzaron a enfrentar al castro-comunismo y sufrir el enclaustramiento actual, en esta celda de castigo, en la prisión santiaguera de Boniato, se siente armonizado con el yo interior. Ese yo que de pescador lo convirtió en narrador y poeta infantil, como recurso divino que le permite sortear las brutalidades de algunos seres, los cuales se califican de humanos, para seguir creyendo en la bondad de los hombres y, en la distancia, aproximarse a los tres hijos pequeños, que en memoria silenciosa aguardan el retorno del padre… Entonces, quedo, muy quedo, con repique de campanas de alba, Ernesto Díaz Rodríguez vence los muros de encierro, cuando con su verso toca a tres vidas tiernas, prolongación de la suya, y en un murmullo que rompe el tiempo de los miserables dice y se pregunta: *"Alas de lirio/ tienen los niños/ alas azules/ tienen los mares./ Pero los hijos de los cautivos.../ ¿De qué colores tendrán las alas?"*

ERNESTO DÍAZ RODRÍGUEZ

Nace un día once de noviembre de 1939 en el pueblo de Cojímar, aproximadamente a tres kilómetros y medio del puerto del mismo nombre y cerca de la villa de Guanabacoa, provincia de La Habana.

Vástago de pescadores, desde pequeño conoció la libertad que inculca el Sol, el salitre, la inmensidad del mar y la lucha por la subsistencia diaria que se arranca a la naturaleza para que, en buena lid, una especie animal alimente a la otra. Siendo aún niño, el general Fulgencio Batista propina el Golpe de Estado del diez de marzo de 1952. Bajo el régimen de fuerza concluye la enseñanza primaria y secundaria. Acto seguido comienza estudios de mecánica automotriz, en una rama de la enseñanza superior cubana llamada: "Escuelas de arte y oficios".

Complicado en protestas estudiantiles contra la tiranía se ve obligado a abandonar los estudios técnicos y se integra por completo al quehacer de los mayores: la profesión de pescador.

El derrocamiento del gobierno del general Batista lo sorprende en plena juventud física y espiritual. Sin embargo, por experiencia propia, pronto comprende la matriz absolutista de las ideas totalitarias que propugna el farsante de Fidel Castro.

Pronto, en el año 1960, entra en contacto con los demócratas del movimiento revolucionario y militar Segundo Frente Nacional del Escambray.

Los comandantes de dicha agrupación Lázaro Asencio, Andrés Nazario Sargent, Armando Fleites, Eloy Gutiérrez

Menoyo y el capitán Evelio Vera, le explican al joven Ernesto Díaz Rodríguez el plan de factura stalinista que Fidel Castro se empeña en implantar en Cuba, auxiliado por un grupo de viejos comunistas criollos y un séquito de oportunistas ocasionales. El día veinticinco de enero de 1961, colabora, junto a su señor padre, para que la dirección nacional del Movimiento Segundo Frente Nacional del Escambray, vía marítima, abandone Cuba. Sin embargo, Ernesto permanece en la Isla, hasta que la situación se le hace tan insostenible que en marzo del propio año parte, rumbo al exilio combativo, desde costas conocidas.

Ya en el destierro militante, integra la dirección del movimiento anti-castrista Alpha-66.

Sus conocimientos marinos y la vocación de rescatar la democracia en Cuba, lo conducen a participar en misiones riesgosas de infiltración dentro del territorio isleño.

Sin embargo, en una de esas encomiendas, un cuatro de diciembre de 1968, luego de días de combate desigual con el ejército y las milicias de la tiranía, en compañía de cuatro luchadores más, es cercado y apresado.

En aquella oportunidad, es sentenciado a quince años de prisión. Ya en cautiverio comienza a cultivar la poesía infantil, en homenaje a los tres hijos pequeños que dejó en el exilio.también, confiesa que lo hizo como una manera de proteger la inocencia constructiva de todos los niños del mundo.

En 1974, acusado de organizar en la cárcel, entre los presos, grupos del Movimiento Alpha-66 es recondenado a veinticinco años.

Ernesto Díaz Rodríguez, sin dejar de enfrentarse a los carceleros del totalitarismo comunista, es maltratado pero nunca doblegado. Durante años, es llevado de prisión en prisión a lo largo y ancho de la Isla.

Sufre y escribe poesía infantil que escapa de los muros tiránicos. El verso de Ernesto comienza a tocar almas sensibles y libres en diferentes países, lenguas y climas. El luchador y poeta crece, mientras el despotismo se disminuye.

En el presente, al redactar estas líneas, converso con el también luchador democrático, ex prisionero político y poeta Angel Cuadra: "¿Ernesto se hizo poeta en la prisión?" Angel Cuadra, prologuista de uno de los mejores poemarios de Ernesto, me contempla con mirada larga. Sonríe y más que responder reflexiona de cara al tiempo: "Ernesto no se hizo poeta. Ernesto nació poeta".

Entonces, Angel Cuadra, al recordar el prólogo que escribió para el puñado de poemas sensibles que contiene *"La campana del alba"*, declama al pescador de Cojímar que, con sus redes de sueños marinos, protege la bondad infantil:

"Y, al fin cuando ya la noche/ nos apretó en sus entrañas/ y se colgaron del cielo/ mil cascabeles de nácar/ me fui a soñar con los niños/ que están lejos de la patria".

J. A. Albertini: *De luchador aguerrido a poeta, ¿cómo se explica eso?*

Ernesto Díaz Rodríguez: Quiero pensar, como te dijo mi amigo el creador, y cubano a imitar, Angel Cuadra, que siempre fui poeta. Realmente no lo sé. La poesía, es innegable, siempre me gustó. Pero me gustaba en el marco de leerla, recordarla y, tal vez, repetir algo de José Martí, José Angel Buesa, Pablo Neruda, Miguel Hernández... que sé... muchos otros poetas.

Claro está, siendo estudiante de enseñanza superior, algo escribí en mis libretas escolares. Pero eso quedó en el recuerdo.

Fue la prisión; la lejanía, la brutalidad de algunos hombres y el amor a mis tres hijos pequeños lo que me hizo escribir para los niños cubanos y del mundo. Nadie tiene derecho a malograr la inocencia infantil para generar adultos taciturnos. No sé si me explico bien, pero así sentía y siento.

Y referente a la primera parte de la pregunta, estimo que es deber de todo ser humano defender la libertad. No importa si eres carpintero, maestro, albañil o poeta. Tal vez, mientras más sensible es una persona más comprometida está con la libertad. Desde nuestro José Martí, hasta el inglés Jorge Gordon Byron, más conocido por Lord Byron, la historia reciente de la humanidad se llena de poetas que, por la libertad, hasta la vida entregaron.

Además de poeta, Ernesto Díaz Rodríguez es uno de los presos políticos cubanos más conocido, a nivel mundial. Sabemos de sus prolongados años de cautiverio político en Cuba. De su obra testimonial y poética generada, en gran parte, dentro de los calabozos del castrismo. Artículos periodísticos, libros y entrevistas, de todo tipo, a lo largo del tiempo han ido recogiendo la trayectoria de Ernesto, el poeta, el hombre y el combatiente por la libertad de Cuba.

Por lo tanto, trataré de ajustar la entrevista al tema que inspira este libro.

Yendo al meollo; ¿a lo largo de su cautiverio en cuántas huelgas de hambre participó?

¡Imagínate!, fueron más de quince. Primero, en 1969, luego de haber sido detenido, combatiendo con las armas en la mano, un cuatro de diciembre de 1968, día de Santa Bárbara, me condenan a quince años de prisión. Posteriormente en 1974, acusado de conspirar en prisión me recondenan a veinticinco. Con una condena total de cuarenta años, y en una época en que el mundo era sordo a los horrores que el régimen de Fidel Castro cometía contra la población cubana, uno de los pocos recursos que le quedaba a aquellos hombres que desde las prisiones lo enfrentaban, diariamente, en desventaja material, era la huelga de hambre. Protesta que para el prisionero político cubano, de entonces y ahora, significó y significa, la oposición y repudio total a la dictadura porque, en definitiva, el huelguista de hambre político cubano está presto a entregar su vida por un ideal de libertad. Libertad que Fidel Castro teme y no entiende. Con lo anteriormente dicho, quiero expresar que a lo largo de mis veintitrés años de cautiverio tome parte en varios ayunos. A todos ellos fui con la convicción que la libertad es más importante que una parodia de vida, supeditada a los caprichos egoístas y falsamente ideólogicos de un hombre, o grupo comprometido con el abuso y la corrupción, entronizada en una famila, comunidad, ciudad o nación.

¿Durante el tiempo de encierro en cuántas cárceles castristas estuvo?

En muchas. El peregrinaje comenzó, con la policía política, en el G-2 de Pinar del Río. Luego en el de La Habana; el tristemente célebre Quinta y Catorce. De allí pase al G-2 de Las Villas. En el G-2 de Las Villas, antes de ser condenado, realicé mi primera huelga de hambre. Después de sentenciado, me encerraron en la prisión pinareña, de mayor rigor, Cinco y Medio. En el propio Pinar del Rio estuve confinado en los campos de concentración Sandino Tres, Fajardo y Taco Taco. En La Habana fui encerrado en La Cabaña, por dos veces, y el Castillo del Príncipe. El diez de enero de 1977, resulté ser unos de los presos políticos cubanos que "estrenó" la cárcel habanera El Combinado del Este. Del Combinado, en 1977, me retornaron a la sede de la Seguridad del estado, G-2, en La Habana, ya que en el extranjero se había publicado mi primer libro de poemas, y eso les molestó mucho.

De allí me trasladan para la prisión oriental de Boniato, en la ciudad de Santiago de Cuba. En Boniato, en celdas de castigo y tapiadas, con un calzoncillo, por toda prenda de vestir, permanecí siete años.

¿Y la huelga de hambre que más recuerda?

La que comenzamos un nueve de noviembre de 1980 y la concluimos un nueve de abril de 1981. Fueron cinco meses de huelga.

Cinco meses es mucho tiempo cuando no se ingiere alimentos. ¿Murió alguien?

Algunos estuvimos a punto de morir. Yo mismo, en varias oportunidades, pensé que de ésa no saldría vivo.

¿Cuántas personas participaron en la protesta?

La iniciamos seis. Julio Ruiz Pitaluga, Ramón Méndez Pimentel, Sergio Montes de Oca Gil, Evelio Hernández Ramírez, Eloy Gutiérrez Menoyo y yo.

¿Llegaron todos al final?

Sólo llegamos Evelio Hernández Ramírez, Eloy Gutiérrez Menoyo y yo. Los otros tres por dolencias muy serias, a lo largo de la huelga, tuvieron que ir deponiendo la actitud.

¿Qué motivó el inicio del ayuno?

Lo de siempre… Los maltratos, lo injusto de las condenas, la alimentación deficiente. También en esta huelga hubo otro elemento importante, y fue que pedíamos que nos traladaran a prisiones en la provincia de La Habana. Los seis éramos de allí, o teníamos a nuestros familiares viviendo en el occidente de la

Isla. Para las contadas visitas que las autoridades carcelarias concedían, una madre, esposa, etc, debía recorrer, en condiciones pésimas de transportación, toda Cuba. Y a eso había que sumarle que no fueron pocas las ocasiones en que el familar, al llegar a la prisión, era informado, sin mayores explicaciones, que la visita había sido suspendida.

¿Cómo reaccionó la dirección del penal?

Primero, con argumentos gastados y consabidos, trataron de disuadirnos para que no fuésemos a la huelga. Pero cuando se convencieron que ya estábamos decididos, nos aislaron, individualmente, en celdas de castigos tapiadas; llenas de cucarachas, ratas y mosquitos. Los mosquitos atacaban en enjambres. De tantas picadas, me pusieron el cuerpo como un papel de lija.

¿Podían, entre ustedes, comunicarse?

Aunque las seis celdas quedaban en el mismo corredor, el grosor de las paredes, y las planchas de acero que cubrían los barrotes, ahogaban las voces.

¿Fueron físicamente maltratados?

No de la forma tradicional.

¿Se explica?

Como la huelga se extendió por cinco meses, llegó el momento que para mantenernos vivos, nos ponían sueros. Las agujas que empleaban estaban despuntadas y se ensañaban en pincharnos múltiples veces, en varias partes de los brazos y antebrazos, antes de que el líquido pasara a las venas. Tampoco tomaban ningún tipo de medidas higiénicas. Esa misma aguja, despuntada y manchada de sangre, era la que empleaban una y otra vez. Cuando más la limpiaban con un trapo sucio.

Dada mi experiencia personal, puedo decirte que se esmeraban en ese tipo de tortura cruel, que disimulaban bajo el manto de la atención médica y humanitaria.

Así mismo, a los noventa y ocho días de ayuno, nos retiraron el agua.

¿Por qué lo hicieron?

Alegaron que era una decisión médica y que todo el líquido que un cuerpo requiere estaba contenido en los sueros. Sueros que no nos ponían diariamente, sino cuando querían o se acordaban. También la sed llegó a ser insoportable.

¿En cinco meses de huelga de hambre sufrió daños ostensibles de índole física y mental?

Físicamente el deterioro fue total. Llegó el momento que no podía pararme y el solo hecho de sentarme en la litera me producía falta de aire y palpitaciones fuertes. Sentía que el corazón se me salía del pecho.

En los días finales de la huelga, evitaba quedar dormido, pues sabía que si el sueño me doblegaba ya no despertaría, Y digo esto porque consciente me sorprendí, en más de una ocasión, dejando de respirar.

¿Experimentó falta de aire?

Ni tan siquiera eso. Simplente no respiraba. En esos intervalos, que no fueron muchos, tuve la sensación, no desagradable, que me hundía en un mar de aguas quietas.

Desde entonces vivo convencido que nacer es más difícil que morir.

Realmente, no hay idioma terrenal que pueda describir lo que te cuento. Cuando inicié la huelga mi peso corporal estaba en unas ciento ochenta libras. Al terminarla, el día nueve de abril del año 1981, solamente pesaba setenta libras.

No obstante, respondiendo a la segunda parte de la pregunta, te diré que mentalmente la inteligencia y, diría, la conexión con el yo interno y el mundo espiritual se me agudizó de manera maravillosa. Compuse poemas. La presencia de Dios era una constante en la celda y pude soportar la huelga, hasta el final, porque comencé a alimentarme de la energía universal que mi mente generaba. La fuerza de Dios obraba en mí.

¿Cómo terminó la huelga?

En los primeros días de abril, el director de Boniato se personó en la celda y me dijo que el Ministro del Interior había ordenado, desde La Habana, que nos retirasen la alimentación intravenosa. Que teníamos dos opciones, deponer la huelga o morir. Entonces le dije que prefería morir y me saqué la aguja del suero.

Pero, horas después, logré comunicarme con Eloy Gutiérrez Menoyo y Evelio Hernández Ramírez. Los tres analizamos que en Boniato sólo nosotros permanecíamos, a esas alturas, en la huelga. Estábamos aislados y nadie dentro de Cuba o en el extranjero conocía lo que estaba sucediendo. Una huelga de hambre política para triunfar necesita eco.

¿Entonces, perdieron la huelga?

Si la miras desde un punto de vista material, sí la perdimos. Pero si la contemplas desde el ángulo de la dignidad, la ganamos.

Las autoridades castro-comunistas nunca supieron lidiar con la determinación de lucha que el presidio político cubano plantado ha mantenido en estos años de retos. La entrega fue total y sigue siéndola en las nuevas generaciones de cubanos opositores que a diario se enfrentan, pacíficamente, al régimen. Muchos de ellos, hombres y mujeres, son golpeados por las turbas castristas, públicamente. Tampoco son pocos los que están yendo a parar a las cárceles que antes nosotros, con presencia física y tesón decoroso, llenamos.

La huelga de hambre de la que hablamos sucedió en los años 1980 y 1981. Tiempo después el monopolio del silencio y el ocultamiento se les desmoronó con la salida al aire de **Radio Martí**. Programas emitidos por esa emisora como *"Cuba sin censura"* informaban de la realidad que acontecía en el interior del país y en las prisiones. Luego de las emisiones hacia Cuba y el mundo de **Radio Martí,** compañeros de cautiverio como Mario Chanes de Armas, José (Pepe) Pujals, Alfredo Mustelier, y muchos más encontraron resonancia mundial.

Gracias a la extensión de las comunicaciones el mundo supo de mi poesía. Eso ocasionó que el Pen-Club internacional de escritores, y el de Nueva York, me acogieran y exigieran mi liberación.

Una última pregunta. ¿En sus más de veintidós años de confinamiento, fue golpeado y torturado?

Muchas veces. Y te pongo un ejemplo que demuestra lo brutal y refinado que los comunistas cubanos han llegado a ser en todo lo referente a represión y tortura.

En una ocasión, estando en la fortaleza de La Cabaña, me propinaron una paliza. A consecuencia de los golpes me desarticularon la clavícula derecha. A continuación del maltrato, vino la tortura fría y sistemática que consistió en negarme asistencia médica por más de seis meses. Durante todo ese tiempo tuve la clavícula fuera de lugar. Los dolores eran fuertes y constantes. Al fin me atendieron, pero fue un trabajo deficiente, del cual nunca quedé bien. De por vida padeceré de dolores y limitación de movimientos en esa área del cuerpo.

Así funcionan las autoridades represivas y carcelarias de los hermanos Castro Ruz.

Octubre 2006.

Villa Marista. Sede en La Habana,
del Departamento de Seguridad del Estado del Ministerio del Interior

CUBA VIVE EN ELLA

Sucedió a los veintinueve o al amanecer del día treinta de la huelga de hambre. No puede precisar, porque era de noche. Su padre, Raúl Fernández Fiallo, asesinado en 1940, cuando ella era muy joven, estaba junto a la reja de la celda de castigo. Entonces le dijo: "No vas a morir; dentro de poco las autoridades penitenciarias aceptarán las demandas de ustedes".

En el presente, cuando evoca el suceso, confiesa que para ella la aparición fue tan real que en su recuerdo la atesora como la última vez que vió a su progenitor con vida, aunque ya habían transcurrido más de treinta años de tan sensible pérdida.

Entonces, todo el estoicismo que la animó durante los años de cautiverio político, unido al deterioro corporal, causado por el ayuno prolongado, le lacera los sentimientos y sollozando cae al piso, sintiendo que volvía a ser la niña que buscaba protección en los brazos paternos. Aquellos brazos hechos de invensibilidad que el tiempo y la realidad fría de la muerte jamás borraron de su memoria.

Paulatinamente recobra la calma. Se incorpora del suelo frío y rugoso. Temblando interiormente se sienta en el concreto que funge de litera y que más que lecho se le antoja como una gran repisa que, encajada a la pared, sobresale y busca sostén en dos tubos que se afianzan en el piso y la conectan con otra superior.

De la celda contigua le llega la voz preocupada de Olga Morgan: "María Amalia, ¿qué ha sucedido?" Acopia fuerzas y responde evasiva: "Nada, nada". "Escuché ruidos en tu celda; como si lloraras", Olga puntualiza.

Por unos instantes calla. Reflexiona y a la postre confiesa: "Mi papá vino a verme". "William*, mi marido, también me visitó", dice Olga con naturalidad.

Entonces, por unos minutos, ambas mujeres, sobreponiéndose a la separación de las paredes, intercambian impresiones sobre la índole de sus respectivas experiencias extrasensoriales. Aquella noche, o lo que restaba de la misma, a pesar de los malestares del ayuno, María Amalia durmió tranquila.

Durmió tranquila y la experiencia se le hace inolvidable porque soñó; soñó mucho, con lucidez vívida. Soñó con el padre, la madre, demás familiares y amigos, vivos o muertos, a los que, a lo largo de su existencia, amó, la amaron, compartieron su fidelidad por Cuba y devoción hacia los forjadores de la nacionalidad cubana.

Soñó con sus tres hijas, el deber y la lejanía. Soñó que los frutos de su vientre no estaban a su lado, pero cada amanecer florecían en su corazón de madre cubana, porque amar sin sentido del deber no es de humanos.

Al amanecer despertó. Sentía el cuerpo ligero y un aleteo de dicha en el pecho que se diluía en un sentimiento que la transportaba más allá de los muros carcelarios. Sabía que era libre y siempre lo sería ya que así le enseñaron y así no deja de sentir.

La reja que aprisiona su materia gime en los goznes. "Vienen por mi", piensa tranquila, al mismo tiempo que, mentalmente, repite un pensamiento de José Martí: *"La mayor libertad, no es sino el deber de emplearla en bien de los que tienen menos libertad que nosotros"*.

William Morgan, comandante del grupo insurreccional, contra la dictadura de Fulgencio Batista, Segundo Frente Nacional del Escambray. Fusilado por el régimen castro-comunista en La Fortaleza de La Cabaña el día 31 de marzo de 1961.

MARÍA AMALIA FERNÁNDEZ DEL CUETO

Nace en la ciudad de La Habana en el regazo de una familia de profundas raíces cubanas y patrióticas. Siendo apenas una adolescente, en el año 1940, su padre, Raúl Fernández Fiallo, joven abogado y profesor de La Universidad de La Habana, es ultimado a balazos, contando treinta y nueve años de edad. Eran los tiempos en que agrupaciones políticas, generadas a partir de la revolución que derrocó la tiranía del general Gerardo Machado, al margen de las leyes que regían a la República de Cuba, dirimían sus diferencias ideológicas y partidistas con métodos violentos entre los cuales, no pocas veces, se contemplaba la eliminación física del oponente.

La muerte prematura del padre en vez de amilanarla la proyecta a participar en la vida política de la nación, con el empeño de contribuir a consolidar la democracia en la Isla.

Milita en el Partido Revolucionario Cubano (Auténtico). Conoce y establece una relación política y de gran amistad con el ex presidente de la República Dr. Carlos Prío Socarrás. Por entonces, también hace amistad con un simpático joven, aprendiz de sastre que se nombraba Camilo Cienfuegos.

A Fidel Castro Ruz lo trató muchas veces y en más de una ocasión colaboraron en actividades políticas y revolucionarias. Sin embargo, al rememorar al joven Fidel Castro, María Amalia, invariablemente señala: "Fidel tenía la habilidad de desaparecer, como por arte de magia, cuando presentía que se aproximaba una situación peligrosa que podía implicar enfrentamientos físicos o bélicos. Siempre fue un cobarde oportunista".

Cuando el General Fulgencio Batista propina el Golpe de Estado del diez de marzo de 1952 y derroca al gobierno constitucional de Carlos Prío, María Amalia se suma a la lucha para volver a enrumbar a Cuba en el camino constitucional. Por entonces sufre persecución y exilio.

Derrocado el régimen del general Batista, ya esposa y madre, colabora para afianzar la democracia en la Isla a la vez que vuelve a la Universidad de la Habana para concluir sus estudios de abogacía.

Al transcurrir algunos meses del llamado "gobierno revolucionario", los cubanos, verdaderamente demócratas, comprenden que Fidel Castro Ruz, escudado en una fraseología engañosa, sólo pretende ganar tiempo para imponer en La Mayor de las Antillas un régimen comunista.

Pronto María Amalia, impuesta de la realidad totalitaria que se avecina, integra los grupos que, primero por vías democráticas, tratan de detener el avance de la dictadura. Agotados los argumentos pacíficos y constitucionales, ella toma al camino de la conspiración y se integra al Movimiento Revolucionario del Pueblo (M.R.P.).

En el año 1961, estando embarazada, es detenida junto a su esposo. Inmediatamente el matrimonio es separado y las dos hijas pequeñas entregadas a familiares.

 Las autoridades represivas del régimen, luego de semanas de intensos interrogatorios y sin lograr aportar pruebas reales que la incriminen, optan por implicarla en algunos sabotajes en los cuales fueron pasto de las llamas comercios e instalaciones industriales. A causa de esas acusaciones, en el mismo año 1961, un llamado tribunal revolucionario le impone dos condenas de veinte años cada una.

En el presente María Amalia Fernández del Cueto es una exiliada política. Tiene un trabajo honrado y vive modestamente en la ciudad de Miami. Su hablar es pausado, carente de odios y resentimientos. Su voz no se altera cuando cuenta como alumbró en presidio a su tercera hija, Amalia Milagrosa, ni cuando una carcelera le negó agua para mojar los labios de la pequeña de días de nacida. Tampoco cuando narra como su mano derecha, que eleva a la altura de los ojos, quedó casi inutilizada por una golpeadura que le propinaron esbirros castristas, tampoco cuando muestra, en el pecho, la cicatriz que dejó la punta de una balloneta, manejada por un hombre. Tal vez el hombre nuevo que anunciaron, como el advenimiento de una nueva era para Cuba, Fidel Castro Ruz y Ernesto Guevara de la Serna.

La pregunta brota impensada: "¿Evocar el sufrimiento no la lastima?".

"Lastima y duele", responde suavemente. "Pero si lo experimentaste a consecuencia de batallar por una causa justa, entonces tienes el deber de racionalizarlo, aplicar la justicia y perdonar". Por un instante guarda silencio. Su mirada es recta y limpia: "Sabes, Cuba es muy importante para mí. Yo vivo en ella y ella vive en mí".

No trato de indagar. Comprendo que las palabras pronunciadas, más que dirigidas a mí, constituyen una reflexión, un convencimiento arraigado en su alma de mujer cubana.

J. A. Albertini: Regularmente he escuchado y conozco que cuando la tiranía castrista condena a un encartado a pena de muerte y luego conmuta el veredicto, entonces impone treinta años de cárcel. ¿Por qué, a usted, la sentencian a cuarenta años?

María Amalia Fernández del Cueto: Para contestar tu pregunta tengo que hacer un poco de historia. Yo provengo de una familia verdaderamente revolucionaria que a partir del derrocamiento de la dictadura de Gerardo Machado luchó por la verdadera independencia y democratización de Cuba. Eso se concretizó en la redacción y aplicación de la Constitución de 1940. Nací en medio de esas luchas democráticas y cívicas que no pocas veces desembocaron en la violencia.

Por eso, luego del derrocamiento de la dictadura de Fulgencio Batista y la traición de Fidel Castro nosotros, los verdaderamentes constitucionalistas, percatados de la traición, retomamos el camino de la lucha.

Fidel Castro, como ya sabes, fue implacable con los cubanos de genuino pensamiento libre y nacionalista. El me conocía perfectamente. Antes de su proyección como líder *"revolucionario"* lo traté frecuentemente. Incluso, mantuve amistad con su primera esposa. La madre del mentado Fidelito.

Por ese motivo cuando fui detenida, junto a mi esposo, en los primeros meses del embarazo de mi tercera hija, porque las tres resultaron hembras, fueron implacables con nosotros. Lo primero que hicieron fue separarme de mi marido y desconcer la condición de mujer embarazada. Nuestro apresamiento se produjo en 1961.

Los interrogatorios fueron bestiales. Estoy segura que tenían la intención de provocarme un aborto, pero, gracias a Dios y a mi voluntad de madre, no sucedió.

Como te contaba, él, Fidel, me conocía y eso obró en mi contra. Me acusaron de haber tomado parte en los sabotajes que dieron por resultado la quema de las tiendas por departamentos El Encanto y la Época, así como la fábrica de tabacos y cigarrillos La Corona.

¿Le pidieron pena de muerte?

No lo hicieron porque estaba esperando un hijo, pero me impusieron veinte años por el sabotaje de El Encanto y veinte más por el incendio de La Época y la fábrica La Corona; en total cuarenta años. En relación a aquellos sucesos fueron juzgadas más de quinientas personas, con las consiguientes penas de muerte.

¿Realmente participó en esos sabotajes?

No, ni tan siquiera tuve conocimiento de los planes previos. Yo era una simple militante, del M.R.P. Nunca fui dirigente.

¿Y su hija nació en prisión?

Amalia Milagrosa vino al mundo entre rejas. Sucedió en el año 1962. Yo tenía muy poco para abrigarla y alimentarla. Y exactamente a los doce días de la niña nacida, apiñadas sesenta y cinco mujeres en un camión rastra, nos trasladan para la prisión de Baracoa, en la provincia de Oriente. Amalia Milagrosa todavía no había sanado el ombligo.

El viaje en la rastra tomó más de cuarenta y ocho horas; el calor era agobiante. En algún momento del trayecto, a una de las mujeres militares que nos custodiaban le pido que de su cantimplora le dé agua a la niña. Groseramente se niega; entonces la presa política y actriz cubana Vívian de Castro, en un gesto de valentía temeraria, le arranca la cantimplora de las manos y sacia la sed de mi pequeña.

A los dos meses de edad, a pedido mío, y de otras personas, la niña le fue entregada a familiares. Sufrí mucho pero no tenía otra alternativa. Si permanecía a mi lado, en presidio, ella hubiese muerto de enfermedades o inanición. Los carceleros y carceleras comunistas jamás me proveyeron de lo más básico para nutrir a mi hija. Ella se alimentaba de la misma pésima comida que a las reclusas nos daban.

¿Cuántos años de condena cumplió?

Fueron dieciocho. Todo el tiempo plantada y con el historial de haber participado en varias huelgas de hambre.

Si fue una presa plantada, condenada a cuarenta años de reclusión, ¿por qué la ponen en libertad antes de purgar la condena?

En el año 1979, el gobierno norteamericano, que presidía Jimmy Carter, mejoró las relaciones con Fidel Castro. Eso propició una amnistía para muchos presos y presas políticas. Luego viajé a los Estados Unidos, a Miami, donde me reuní con mis hijas y demás familiares.

Durante sus dieciocho años de cautiverio, ¿en cuántas prisiones estuvo?

Primero, cinco meses en el G-2, bajo interrogatorios. Después en la cárcel de la ciudad de Guanabacoa, a continuación Guanajay, en la provincia de La Habana; la prisión de Baracoa, en la provincia de Oriente y Nuevo Amanecer, nuevamente en La Habana.

¿Qué trato recibían las reclusas políticas?

Un trato pésimo. Nosotras las plantadas, que no aceptábamos entrar en el cacareado plan de reeducación, éramos golpeadas como si fuésemos hombres. Sobre todo cuando hacían requisas.

¿Golpeadas por mujeres carceleras?

Mujeres y hombres. Principalmente por hombres. Mira como me inutilizaron, casi por completo, la mano derecha. Y aquí, en medio del esternón, me clavaron la punta de una balloneta; mira la marca.

Cuenta que tomó parte en varias huelgas de hambre. No obstante, ¿cuál fue la que más la impactó?

La que iniciamos más de veinte reclusas, en la cárcel de mujeres Nuevo Amanecer, en febrero de 1971. Al final nos quedamos solas Olguita Morgan y yo. Ambas, por treinta días permanecimos en esa postura.

¿Por qué fueron a esa huelga?

Por las mismas causas de las anteriores. Abusos generalizados, condiciones higiénicas deplorables, comidas en mal estado, retención de la correspondencia, maltratos a nuestros familiares y suspensiones arbitrarias de visitas. También, en ocasiones fue en apoyo a compañeros nuestros que en otras prisiones se declaraban en huelga de hambre.

¿Cómo se enteraban que había hombres, en otros reclusorios de Cuba, ayunando?

Por diferentes vías. Pero la más frecuente era cuando las autoridades nos concedían alguna visita esporádica. Nuestros familares traían la noticia. Una misma familia, muchas veces, como fue mi caso, tenía más de un miembro preso en otra prisión. Recuerda que mi ex esposo y yo caímos presos juntos y luego separados. Pero en este caso, en esta huelga que te menciono, fue por los motivos que cité primero.

¿Qué medidas adoptó la dirección del penal cuando Olga Morgan y usted deciden proseguir la huelga?

Inmediatemente nos encierran, separadas, en celdas de castigo. Pero una estaba al lado de la otra y alzando la voz podíamos comunicarnos.

¿Cómo era su celda?

Pequeña, oscura, sucia y fría. Tenía dos literas de concreto. Una abajo y otra arriba, pegadas a una pared, y carecían de colchonetas. Seleccioné la inferior y permanecía acostada, la mayor parte del tiempo, en el concreto frío que hacía de bastidor. Me cubría con una colchita que me permitieron traer de la celda en la que iniciamos la protesta.

Para hacer la necesidades fisiológicas, en un rincón, había un "patín", algunos le llaman baño turco; es una pieza de concreto empotrada en el suelo con un hueco. Al lado del "patín", de la pared sobresalía un tubo de cobre fino por el que, a ciertas horas, brotaba un chorrito de agua. La de Olguita era igual a la mía.

¿Qué síntomas físicos y mentales experimentó durante el mes en que ayunó?

Los síntomas están ligados al deterioro paulatino que se sufre cuando le niegas alimentos al cuerpo. En mi caso, en las primeras horas y días fueron físicos. Sentí hambre, mucha hambre. Después debilidad en el estómago y pocos deseos de tomar agua, pues el agua me producía fatigas. Luego se me quitó el hambre y la debilidad. Dejé de pensar en los alimentos y me concentré en guardar las energías corporales, ya que cada movimiento que efectuaba, como levantarme para ir a orinar, se convertía en una proeza digna de Hércules. Tenía poca sed, pero me impuse tomar agua varias veces al día, ya que era vital para prolongar la vida.

A continuación, te repito, según mi experiencia, cuando la huelga de hambre acumula días y semanas, llega la fase del recuerdo con visos de realidad. Yacía horas tendida boca arriba, con los ojos cerrados, en una especie de sopor evocativo, en el cual las imágenes tomaban forma corpórea.

¿Cómo eran esas imágenes?

Eran en blanco y negro. Igual que la proyección de una vieja película muda, en la que yo tomaba parte, pero los diálogos sucedían en mi cerebro. Mi vida anterior a esa huelga de hambre, una y otra vez desfilaba frente a los ojos de la mente. Y, a medida que las imágenes se hacían más reales, comprendía, con suma tranquilidad, que la muerte estaba cerca.

¿Fueron Olga Morgan y usted golpeadas o maltratadas de palabra durante la huelga de hambre?

No hubo maltratos físicos, pero sí psicológicos. Las autoridades del penal venían y nos decían que no queríamos a nadie, empezando por nuestras hijas. Olga, al igual que yo, parió hembras. También, vagamente, prometían que si abandonábamos la protesta ellos estudiarían nuestros reclamos. El más agresivo resultó ser un teniente del Ministerio del Interior de apellido O'Farill.

¿Qué respondían ustedes?

Que si de antemano no accedían a las demandas, nosotras moriríamos en la huelga.

¿Cómo llegó a ser su estado corporal?

En los días y horas finales de la huelga era yo hueso y pellejo. Había bajado más de treinta y cinco libras. La voz me salía temblorosa y fina. Apenas podía sosterme en pie y cuando lo lograba tenía que sujetarme de la litera o las paredes. Estaba encorvada y me repugnaba el sabor de la boca así como el olor que todo mi cuerpo despedía. Olguita estaba en las mismas.

¿Y cuál fue el final?

Justo a los treinta días de huelga, las autoridades del penal y altos oficiales de la Dirección Provincial y Nacional de Cárceles y Prisiones, convencidos de nuestra resolución, llegaron hasta las rejas de ambas celdas. Le ordenaron a una carcelera que las abriera y nos comunicaron que aceptaban todas nuestras peticiones.

¿Qué emoción experimentó usted en ese momento?

Satisfacción por haber vencido a la opresión con las armas de la verdad y el sacrificio. Olguita sintió algo semejante. Pero debo decirte que desde la noche anterior o madrugada, Olguita y yo supimos que no íbamos a morir en la huelga. Que, por el contrario, la ganaríamos.

¿De qué forma se enteraron con antelación?

Algo te he contado, pero voy a ser más explícita. Llevábamos veintinueve o treinta jornadas de ayuno. No puedo precisar si sucedió antes o después de las doce de la noche del día en que concluimos la huelga de hambre. La cuestión fue que era de noche; desperté tranquila y con una lucidez increíble que contravenía todo el deterioro físico y mental que la falta de comida me estaba produciendo.

Miré para la reja de la celda y parado frente a ella, con las dos manos aferradas a los barrotes estaba mi padre. Lo ví claramente, estaba vivo y vestido de forma impecable, como acostumbraba. Entonces, me dijo lo que te narré antes que comenzaras a grabar la entrevista.

Por favor, repítalo.

"No vas a morir, dentro de poco las autoridades penitenciarias aceptarán las demandas de ustedes", eso dijo; después la figura se desvaneció.

Al momento pensé que la aparición fue producto del delirio ocasionado por mi estado de debilidad generalizada. Sin embargo, desde entonces y hasta los días de hoy, estoy convencida que fue real. Mi padre me visitó.

Además, la certeza fue mayor cuando se lo conté a Olguita Morgan y ella me aseguró que William, su marido, también la había visitado para decirle lo mismo.

Fueron treinta días de ayuno, aislamiento y torturas psicológicas, pero también la visión que tuve de mi padre convirtió aquella protesta en una de las experiencias más inolvidables de mi vida.

Para terminar quiero pedirte algo que nada tiene que ver con esta entrevista pero que deseo manifestar y que aparezca en la misma. Siempre que he tenido la oportunidad lo he hecho. ¿Puedo...?

Adelante, sus palabras estarán en el texto del testimonio.

En el año 1940 mi padre, Raúl Fernández Fiallo, tenía treinta y nueve años de edad. Era doctor en leyes y profesor de la Universidad de La Habana. Siempre andaba desarmado. Manolo Castro* lo asesinó. Lo asesinó en noviembre de 1940.

Agosto 2006.

Manolo Castro, estudiante de ingeniería que culpó al profesor Raúl Fernández Fiallo de ser el autor intelectual del asesinato del ingeniero y también profesor universitario Ramiro Valdés Daussá, hecho ocurrido en el mes de agosto de 1940. En 1943, Manolo Castro fue presidente de la Escuela de Ingeniería de La Universidad de La Habana y posteriormente, en 1944, fue elegido como presidente de la Federación Estudiantil Universitaria (F.E.U.). En 1947 fue designado por el presidente de la República Ramón Grau San Martín, Director General de Deportes. Manolo Castro fue ultimado a balazos en febrero de 1948.

Fuentes consultadas: *"Fidel Castro y el gatillo alegre: Sus años universitarios"*, obra del historiador Enrique Ros. Asimismo, datos aportados por el también historiador y doctor, especializado en cirugía general y vascular, Gustavo León.

SU COMETIDO EN LA VIDA
ES SANAR Y SERVIR

Es médico de profesión y sabe lo desvastador que es para el cuerpo y la psiquis humana la carencia de alimentos. Incluso, una nutrición deficiente y prolongada causa inanición que indefectiblemente, al complicarse con enfermedades generadas por la falta de elementos vitamínicos, conduce a la muerte. Recuerda a tres compañeros de presidio político, físicamente débiles, que en diferentes fechas y cárceles castristas perecieron depauperados. En voz baja repite sus nombres: Ibrahin Torres Martínez, Esteban Ramos Kessel y José Ramón del Pozo.

Ellos, los tres, no murieron como el inolvidable Pedro Luis Boitel Abraham, y otros más, que perecieron en prolongadas huelgas de hambre, a las cuales fueron decididos a obtener sus legítimos reclamos o sucumbir en el empeño. Ibrahin, Estéban y Ramón, fueron ultimados lenta y metódicamente por las autoridades carcelarias comunistas. Los mataron de hambre.

No obstante, la evaluación médica que realiza de las consecuencias de secundar la protesta que se gesta tras las rejas de la prisión habanera Combinado del Este, en este día de septiembre de 1985, a veintitrés años de permancer encerrado en las prisiones de la tiranía, decide sumarse al movimiento que agrupa alrededor de setenta presos políticos plantados.

El Dr. Alberto Fibla González está convencido que frente a la patraña que el sistema opresor trata de desarrollar con miras propagandísticas, de carácter internacional, se impone la respuesta contundente del presidio político cubano.

Meses atrás una llamada "delegación de profesionales, intelectuales, cineastas y humanistas italianos" había arribado a Cuba con el propósito de visitar las prisiones del país para, en teoría, ver las condiciones habitacionales, alimentarias, médicas y humanas de las mismas, así como para entrevistar a funcionarios penales y tomar los testimonios de algunos reclusos.

Poco tiempo después, tratando de contrarrestar la verdad que sobre la situación interna de la Isla, desde el 20 de Mayo de 1985, comenzó a difundir, desde territorio norteamericano, las ondas radiales de Radio Martí, en diferentes naciones europeas y otros continentes se proyectó un documental que, según sus realizadores italianos, recogía fielmente el trato justo, humanitario y educacional que a los "presos contrarrevolucionarios cubanos" se les dispensaba en las prisiones del régimen.

Dicho trabajo fílmico resultó ser un burdo material propagandístico a favor de la dictadura castrista, en el cual se escamoteaba y falseaba la verdad. En el mismo, las cárceles de la dictadura se presentaron como especies de confortables instalaciones, donde la tranquilidad, la higiene, la cultura, el entendimiento entre reclusos y custodios, el trabajo fecundo y la comida abundante, las convertían en sitios de superación personal y espiritual.

Por eso el Dr. Alberto Fibla, a pesar de no encontrarse bien de salud, se adhiere al movimiento huelguístico, consecuente con su inverterada forma de pensar: "La existencia humana que no discurre en la verdad, es una corta y confusa vida de bestias".

DR. ALBERTO FIBLA GONZÁLEZ

Hijo de la cubana Avelina González Valdés Dapena y del español, originario de Cataluña, Juan Fibla Cristófol, nació en la ciudad de La Habana un día veintitrés de junio de 1928. Desde muy pequeño se fue moldeando, junto a la hermana menor, en un hogar donde los principios morales, cristianos y de trabajo honrado primaban. El padre, doctor en farmacia, poseía una botica en la intersección de las calles habaneras San Nicolás y Gloria. La madre, además de ama de casa, laboraba en el negocio familar.

Alberto Fibla confiesa que su niñez fue pletórica de dicha, gracias al cuidado, trabajo tenaz y fecundo de sus progenitores.

Cursa la enseñanza primaria y secundaria, hasta obtener el diploma de bachiller, en el colegio católico Hermanos Maristas, localizado en la barriada capitalina de La Víbora.

En el año 1947, siguiendo la voz de la vocación, se matricula en la Facultad de Medicina de la Universidad de la Habana.

Cerca de conluir los estudios médicos, el diez de marzo 1952, el ex Presidente de la República y general en retiro, Fulgencio Batista y Zaldívar, faltando pocos meses para que en la Isla se celebrasen elecciones democráticas en las que se elegiría un nuevo presidente, apoyándose en militares complotados, propina un Golpe de Estado; depone al mandatario constitucional, Carlos Prío Socarrás, e inicia una dictadura, entre cuyas primeras medidas está amordazar la Constitución de 1940 y comenzar a gobernar por estatutos.

Alberto Fibla, al igual que la mayoría del estudiantado

cubano, desaprueba el Golpe de Estado y eleva su protesta. Pronto, partiendo del recinto universitario, comienza a participar en marchas y reuniones políticas públicas, que no pocas veces son reprimidas brutalmente por las fuerzas policiales.

En el año 1954 se gradúa de doctor en medicina e inicia la especialización en cardiología. Presta servicios profesionales en el hospital capitalino Calixto García y en clínicas privadas, a la vez que gratuitamente colabora en la Liga Contra la Ceguera.

Covencido que el general Batista pretende prolongar su mandato espurio, con amigos y ex compañeros universitarios, todos jóvenes, entre los que se encuentra el también médico Armando Fleites, se adhiere al Directorio Revolucionario (D.R.) y toma parte activa en la lucha frontal contra la tiranía.

Posteriormente el Dr. Armando Fleite, Eloy Gutiérrez Menoyo y Lázaro Asencio, entre otros, se separan del Directorio y fundan el Segundo Frente Nacional del Escambray.

Alberto Fibla pasa a esta agrupación revolucionaria e incrementa sus actividades clandestinas en la ciudad de la Habana.

Perseguido de cerca por los cuerpos represivos del régimen, en 1957 parte rumbo al exilio en los Estados Unidos. Asentado en el extranjero despliega un trabajo intenso de apoyo y búsqueda de recursos para los miembros de la organización que con las armas en las manos luchan desde las montañas de la central provincia de Las Villas.

En el mes de enero de 1959 el general Batista es derrocado y escapa de la Isla.

Alberto Fibla regresa a la patria y por oposición ingresa, como médico, en la Marina de Guerra Revolucionaria con el grado de alférez de fragata.

Tan pronto como en el año 1960, comprende que la revolución, que proclamaba el retorno a la democracia y constitucionalidad, había sido traicionada por Fidel Castro Ruz quien, en nombre de la soberanía de Cuba, empleando métodos asesinos y arteros, se había apoderado del proceso y lo encaminaba rumbo a una férrea dictadura de corte comunista.

Sin embargo, en enero de 1961, cuando la dirigencia del movimiento revolucionario Segundo Frente Nacional del Escambray, a punto de ser aniquilada o encarcelada por la nueva tiranía marxista, abandona la Isla clandestinamente, Alberto Fibla decide volver a la lucha activa para rescatar la soberanía, tradiciones patrióticas y democráticas que Fidel Castro, aceleradamente, estaba colocando a los pies de la Rusia comunista, por entonces llamada Unión de Repúblicas Socialistas Soviéticas.

Junto a elementos revolucionarios legítimos que aún los castristas no habían purgado de los cuerpos armados, Alberto Fibla retorna a la lucha y se suma al Frente Anticomunista de Liberación (F.A.L).

En agosto de 1962, a punto de producirse una sublevación cívico-militar con el propósito de derrocar el gobierno comunista de Fidel Castro, la mayoría de los dirigentes encartados, encabezados por Francisco Evelio Pérez Menéndez, son detenidos y prontamente, luego de juicios simulados, pasados por las armas o condenados a largas penas carcelarias.

El día doce de septiembre de ese mismo año, el alférez de fragata Dr. Alberto Fibla es hecho prisionero y conducido a las dependecias habaneras de la brutal Seguridad del Estado.

Meses de inhumanos interrogatorios desembocan en una condena a treinta años que le es impuesta, junto a otros luchadores, por un llamado tribunal militar, el día veinte de abril de 1963; causa 455 de 1962.

A raíz de la sentencia, Alberto Fibla sufriría veintiséis años de brutal presidio político, en el cual padeció privaciones y maltratos, pero su espíritu se fortaleció y creció al no ceder frente a la ignominia, a la vez que como médico, con la palabra y recursos escasos, atendió a cientos de hermanos de infortunio.

J. A. Albertini: *¿Militaron sus padres en algún partido político?*

Dr. Alberto Fibla: Nunca, directamente, se involucraron en política. Apreciaban las instituciones democráticas y votaban en las elecciones por el candidato o los candidatos que ellos estimaban serían los mejores, al margen de las agrupaciones partidistas de la época. Estamos hablando de Cuba en la primera mitad del siglo XX.

¿Entonces, por qué usted se opuso de manera tan activa a la dictadura del general Batista?

En principio, debo decirte que mis padres también desaprobaron el Golpe de Estado del diez de marzo de 1952. No existían razones de peso real para interrumpir el proceso constitucional de la república.

Me opuse porque era una tiranía. Yo estudiaba medicina en la Universidad de La Habana. El rechazo del estudiantado cubano al golpe fue generalizado. Otros sectores de la sociedad reaccionaron de igual manera.

Fue miembro activo de la resistencia contra el régimen nacido el díez de marzo de 1952. Esa postura le costó persecusión y exilio, del cual regresó en el año 1959, cuando la revolución derrocó al gobierno de Batista. Con el grado de alférez de fragata ejerció como médico en la Marina de Guerra Revolucionaria, pero es de todos conocido que, a meses del triunfo del proceso, usted ya estaba en contra del mismo. ¿Qué lo impulzó a, en tan corto tiempo, cambiar de opinión?

Muchos hechos y detalles. Uno de ellos fue la gran preponderancia que, desde el mismo año 1959, los comunistas del patio comenzaron a desarrollar dentro del proceso revolucionario que, en fin de cuentas, lo que pretendía, y por lo que se había luchado, era volver a colocar a Cuba dentro del camino democrático y constitucional.

También, junto a eso, hubo otros acontecimientos que fueron mostrándome la semilla totalitaria del castrismo. En junio de 1959, el sindicato de artistas celebró elecciones. Democráticamente fue elegido, como presidente del gremio, Manolo Fernández, ya fallecido, y que es muy recordado por haber sido un magnífico intérprete del tango argentino.

Bueno, la cosa fue que Fidel Castro, en persona, "metió una cañona" y Manolo fue despojado del triunfo electoral.

Luego, en enero de 1961, la casi total dirigencia del Segundo Frente Nacional del Escambray, acosada por el régimen e impedida de actuar por circunstancias inmediatas, abandona la Isla en una embarcación, rumbo a los Estados Unidos. A esto, añádale que los comandantes del Ejército Rebelde Jesús Carrera Zayas y William Morgan, que con anterioridad, en la lucha contra Batista, habían sido jefes guerrilleros del Segundo Frente Nacional del Escambray, fueron fusilados en la fortaleza de La Cabaña la noche o madrugada del día tres de marzo de 1961.

Por supuesto, en el crimen de estos dos luchadores anticomunistas estuvo la mano del Ché Guevara, que les tenía aversión especial, por desavenencias ideológicas y de carácter. En una oportunidad, al poco tiempo del arribo del Ché Guevara a la cordillera central del Escambray, me refiero a finales de la década de 1950, las guerrillas villaclareñas se percataron que Guevara, cumpliendo órdenes de Fidel Castro, trataba de auto proclamarse dirigente máximo, en la región, de la rebeldía armada contra la tiranía batistiana. Carrera no aceptaba esa imposición y en una reunión, bastante caldeada, donde estaban presentes oficiales del Directorio Revolucionario, Movimiento

26 de Julio y Segundo Frente Nacional del Escambray, lo desafió a que desenfundara el arma.

EL Ché Guevara terminó acobardándose, pero juró que algún día fusilaría a Jesús Carreras y a quienes lo habían apoyado. Eso es parte de la historia.

¿En qué año comenzó la oposición activa contra el castrismo?

En el propio 1959 inicié contactos conspirativos con oficiales de la Marina de Guerra Revolucionaria. Posteriormente se constituyó el Frente Anticomunista de Liberación (F.A.L.) cuyo jefe nacional lo fue Francisco Evelio Pérez Menéndez, más conocido por Frank.

Este movimiento, de proporción nacional, estaba constituido, fundamentalmente, por militares en activo y funcionarios civiles de ministerios, empresas y organismos del estado.

O sea, el F.A.L. era un movimiento de revolucionarios verdaderos, que luchábamos por sacar el proceso del derrotero comunista que le estaba dando Fidel Castro.

Para el mes de agosto de 1962, se planificó un levantamiento nacional, pero a pocas horas de producirse, la Seguridad del Estado abortó la insurrección y comenzó una ola de detenciones y fusilamientos que se extendieron por varios meses.

Frank y muchos dirigentes fueron prontamente ejecutados. Es de todos conocidos que antes de que finalizara el año 1962 los fusilamientos y asesinatos ocultos, derivados del F.A.L., sobrepasaron la cifra de docientos, sin contar los cientos de cubanos que fuimos encarcelados, torturados y juzgados.

¿Cuándo fue usted detenido?

Vistiendo el uniforme de alférez de fragata fui encarcelado un doce de septiembre de 1962.

Siete meses después, luego de una larga estadía en las dependencias del G-2 habanero, que no se la recomiendo a nadie, un veinte de abril de 1963, junto a un nutrido grupo de miembros del F.A.L, fui sentenciado a treinta años de presidio, de los cuales, rechazando los llamados planes de reeducación política, cumplí veintiséis. Todo el tiempo estuve plantado.

Por cierto, un gran amigo y compañero de luchas, Enrique Ung Roque, resultó ser uno de los tantos que fue fusilado por los acontecimientos de agosto de 1962. Él no era militar, perteneció a la sección civil del F.A.L.

Durante su larga condena; ¿en cuántas cárceles estuvo?

El G-2 de La Habana, con una temporada larga en el centro de torturas especializadas, conocido por "las cabañitas". Prisión de La Cabaña, Güanajay, Presidio Modelo de Isla de Pinos, Combinado del Este. En Santiago de Cuba pasé varios años en la cárcel de Boniato. En algunos de estos reclusorios estuve hasta dos veces.

¿Participó en huelgas de hambre?

En tres o cuatro, pero debo decirte que por mi condición de médico siempre estuve conciente del daño inmediato y futuro que la no ingestión de alimentos, por periódos prolongados, ocasiona en los seres humanos, incluyendo al resto de los animales que pueblan el planeta tierra. Pero, como te digo una cosa te digo otra. Muchas veces, al prisionero político, víctima del sistema comunista que avasalla a Cuba, no le quedó ni le queda ni le quedará, mientras exista el actual montaje represivo castrista, otro recurso que no sea el ayuno, como herramienta de presión para reclamar un mínimo de respeto a sus derechos ciudadanos y humanos.

Prueba de lo que digo es que recientemente el opositor pacífico, licenciado Guillermo Fariñas, se mantuvo, en la ciudad de Santa Clara, en una larga huelga de hambre, que estuvo a punto de costarle la vida.

Sin embargo, las autoridades de la dictadura no le dejaron otra salida que no fuese la protesta del ayuno, para él poder reclamar y hacer conocer al mundo los atropellos que se cometen contra su persona y, por lógica, contra todo el pueblo de la Isla.

¿Y la huelga de hambre que más recuerda...?

Una que fue corta, pero que demostró cómo nuestra postura y la extensión de las comunicaciones, le hacía cada vez más díficil al comunismo criollo ocultar la verdad.

La cosa fue, como te dije antes de comenzar la entrevista, que un grupo de italianos, partidarios del castrismo, bajo una fachada de humanistas y defensores de los derechos humanos, visitaron Cuba a principio de los años ochenta para, según ellos, realizar una investigación independiente y veraz sobre el sistema penitenciario de la Isla, incluyendo el trato que se le dispensaba a los penados, tanto comunes como políticos.

En realidad todo resultó ser un montaje propagandístico, en beneficio del castro-comunismo. El documental, que se comenzó a proyectar en diferentes países, fue una apología grotesca de las prisiones y trato que los reclusos recibíamos.

Esa información llegó a conocimiento de los presos políticos plantados que nos encontrábamos en la prisión habanera Combinado del Este. Allí, tuvimos varias reuniones y en septiembre de 1985, en protesta por la falsedad del panfleto fílmico, declaramos una huelga de hambre.

¿Participaron muchos reclusos?

Eramos alrededor de sesenta o setenta plantados, todos vestidos con el uniforme amarillo.

¿Qué duración tuvo la protesta?

No pasó de los ocho días, pero es la que más recuerdo porque me demostró la debilidad intrínseca que el totalitarismo castrista acumula en sus entrañas.

Los esbirros del Combinado del Este, incluyendo a las autoridades provinciales y nacionales de Cárceles y Prisiones se sintieron atemorizados frente a nuestra postura. Recuerda que el 20 de mayo de ese propio año, 1985, Radio Martí había salido al aire, rompiendo el monopolio de la censura que el castrismo, en torno a las informaciones sobre la realidad cubana, había ejercido hasta entonces.

La rotura de la censura del régimen le permitió a la opinión pública mundial conocer que Cuba era, de acuerdo a su población, el país del mundo con mayor cantidad de presos políticos, años de encierros y aislamientos, en condiciones inhumanas.

Por eso, la huelga de la que te hablo, para mí fue exitosa. Ellos, a pesar de sus maltratos y bravuconerías, estaban temerosos. El mundo comenzaba a oir y escuchar. Los torturadores empezaban a pensar en un futuro sin impunidad.

¿Hubo, hacia ustedes, maltratos corporales?

No, no los hubo. Nos aislaron y trataron de disuadirnos para que depusiésemos la actitud.

¿Físicamente cómo se sintió usted?

La alimentación deficiente hace que el preso político cubano sea vulnerable a cualquier enfermedad de menor importancia, como un resfriado o una diarrea común. Con esto quiero decirte que dos días sin ingerir alimentos es suficiente para que, un hombre en esas circunstancias, sienta el estrago del ayuno. En mi caso, en particular, durante los días que duró la protesta experimenté dolor de cabeza, náuseas y cierto abatimiento mental que mitigaba atendiendo, como médico, a mis hermanos de cautiverio.

¿Recuerda los nombres de algunos huelguistas?

Por supuesto. Allí estuvieron, entre otros, Reynaldo Pérez Rodríguez, Roberto Montenegro Sánchez, Antonio Suárez Fernández, Pablo Prieto Castillo, Alberto Grau Sierra, Mario Chanes de Armas, Teodoro González Alvarado, Rafael Alzamora, Agapito Rivera Milián, más conocido por el sobrenombre de "el Guapo Rivera", y muchos, muchos más

¿En qué momento y bajo qué circunstancias terminan la huelga de hambre?

En verdad, esa huelga fue para protestar por el documental mentiroso y mal intencionado que el grupo de italianos comunistas, que ya te mencioné, habían realizado.

Por tanto, en cuanto recibimos información que el motivo de nuestra postura se conoció en el extranjero, y la noticia había sido hecha pública, depusimos la actitud.

Sin embargo, antes de concluir esta entrevista, quiero añadir, y esto es una opinión que emito como preso y médico, que una huelga de hambre es un proceso terrible.

Un huelguista está agonizando después del vigésimo día sin ingerir alimentos. El hambre es insoportable. Comienza con esa sensación de vacío que todos conocemos. Más tarde, poco a poco, van faltando las fuerzas. La debilidad progresa y se adueña del cuerpo dolorosamente. Aparecen los vómitos que deshidratan, al mismo tiempo que se experimenta frialdad, palidez y sudoración pegajosa. La vista merma de día en día y se convierte en una nube que distorsiona paredes y rejas. Las piernas parecen despegarse del cuerpo. La continuidad del proceso fabrica un inválido de piernas rígidas e insensibles. La piel se va aplastando contra el hueso, como si fuera a fundirse con él. Esto que digo, no es más que el preludio obligado que conduce, si la postura se mantiene, a una muerte lenta y angustiosa. Recordemos a Roberto López Chávez, Pedro Luis Boitel, Luis Alvarez Ríos, por mentar sólo a tres hermanos de un largo rosario, que perecieron en huelgas de hambre.

Diciembre 2006.

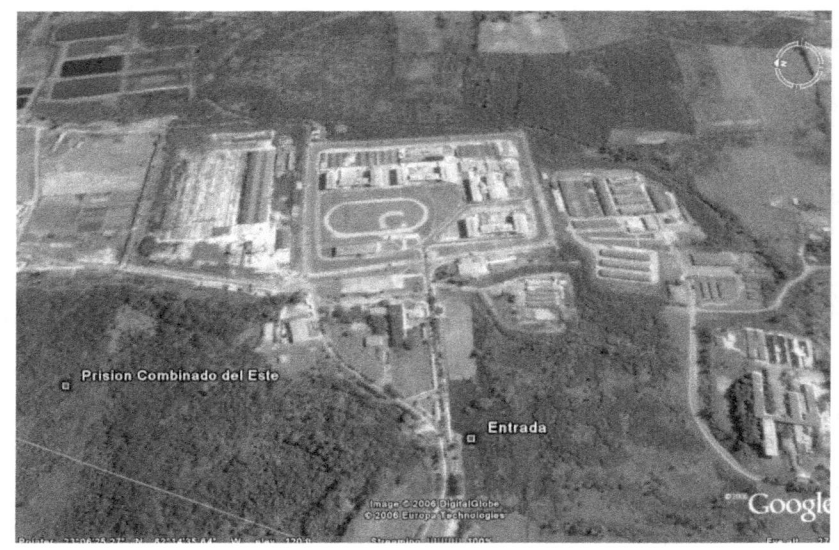

Prisión Combinado del Este, en La Habana

EL ABUELO FUE MAMBÍ

Durante los veintiún días que permanece en huelga de hambre, el recuerdo del abuelo mambí es tan vívido que a veces el pasado le viene con frescura de presente.

Se llamó Higinio Infante Inclán y era un robusto mulato villaclareño que en la última guerra de independencia, la de 1895, la que se inició con el Grito de Baire, se lanzó a la manigua redentora.

Aquella epopeya libertadora unió a cubanos combatientes de todas las razas y superó diferencias regionales que habían obstaculizado en cierta medida la Guerra de los Diez Años, que se inició con el Grito de Yara, en 1868.

Higinio finaliza la contienda emancipadora y está en la ciudad de Santa Clara cuando, con lágrimas en los ojos, contempla el 20 de mayo de 1902, inicio de la República de Cuba.

Higinio Infante Inclán se establece en Santa Clara y funda una familia.

Acomoda el enflaquecido cuerpo en la litera y siente que los estragos de la huelga de hambre llegan hasta las extremidades inferiores. Sin embargo, sonríe al evocar uno de los dichos preferidos del abuelo: "Eso no es puñalá pa' gallo guapo", la sonrisa se amplía y a pesar de la situación difícil paladea momentos de su niñez.

Inolvidables son las mañanas de domingo cuando el abuelo, próxima la hora del desayuno familar, los visita e invariablemente en sus manos trae una caja blanca, conteniendo pasteles surtidos. Siempre, él y las hermanas, Miriam y Norkia, pugnan por lograr saludar al abuelo primero, y de paso recibir la caja con los ricos pasteles.

El sabor a guayaba, guayaba y queso, combinados, o sólo queso, junto a la masa harinosa, tostada y crujiente de la golosina, de su cerebro pasa al gusto y por un momento mastica y traga el recuerdo.

El abuelo muere en el año 1952, cuando él tiene ocho años de edad. No obstante, los relatos de la Guerra de Independencia y los ejemplos de honradez, respeto, veracidad y amor incondicional a Cuba y a la familia, que le legó, marcaron su formación.

Más tarde, ya adolescente, en el año 1959, la dictadura del general Fulgencio Batista es derrocada y las esperanzas ciudadanas convergen en la restitución y aplicación de la Constitución de 1940.

Por entonces, cursando el bachillerato, conoce a Porfirio Remberto Ramírez, cariñosamente conocido por el Negro Ramírez, oficial del Ejército Rebelde y presidente de la Federación Universitaria Central, en la Universidad Marta Abreu de Las Villas.

Fidel Castro Ruz, uno de los líderes que lucharon contra el régimen de Batista, secretamente se alía con La Unión Soviética; traiciona a los demás movimientos constitucionalistas y se apropia del poder.

A causa de esta felonía Porfirio Remberto Ramírez vuelve a empuñar las armas y, junto a otros buenos cubanos, combate a la tiranía totalitaria que ya comienza a teñir el horizonte de la Isla.

Hecho prisionero, en combate desigual, es fusilado en compañía de otros luchadores, casi subrepticiamente, una noche del mes de octubre de 1960, en un sitio conocido como La Campana, cerca del poblado de Manicaragua, al pie del macizo montañoso de la Sierra del Escambray.

Por eso, en este año de 1975, está aquí, en la prisión castrista de Nieves Morejón, cumpliendo varios días de huelga de hambre, pero con la convicción que su postura honra el ejemplo de cubanía sembrado por el abuelo mambí, Higinio Infante Inclán y el dirigente estudiantil Porfirio Remberto Ramirez.

Prisión de Manacas, en Las Villas

LUIS GONZÁLEZ INFANTE

Nace en la ciudad de Santa Clara, provincia de Las Villas, en el año 1944, en un hogar modesto pero de altos principios morales y patrióticos. Su abuelo materno, veterano de la Guerra de Independencia, Higinio Infante Inclán, junto al ejemplo de sus padres, Benito González, soldado constitucional de la república de Cuba, que al producirse el Golpe de Estado del diez de marzo de 1952, es licenciado por negarse a jurar los estatutos, en detrimento de la Constitución de 1940; y la madre Benita Infante, trabajadora de la industria tabacalera de la ciudad, le enseñan que una familia sólida conforma al ciudadano de bien.

Por eso Luis González Infante no puede ser indiferente al proyecto totalitario que desde el propio primero de enero de 1959 comienza a desarrollar Fidel Castro y sus aliados comunistas.

Luis, imbuido por la herencia familiar y el ejemplo que recibió del dirigente estudiantil Porfirio Remberto Ramírez, agotados los medios pacíficos de oposición a la naciente tiranía, se suma a la lucha clandestina en la cual combate eficazmente hasta que por una delación es detenido, contando veinte años de edad.

Juzgado por un llamado tribunal revolucionario, causa 315 de 1964, es condenado a veinte años de prisión, que comenzando en la cárcel provincial de Santa Clara, lo llevan al presidio Modelo de Isla de Pinos y a otras prisiones a lo largo y ancho de la Isla.

Fueron dieciséis largos años de cautiverio, pero Luis

González Infante nunca perdió su optimismo, su carácter franco y bromista y sobre todo, su amor por las cosas sencillas y cotidianas, como el baile, las tertulias de amigos y el sabor de los helados de frutas naturales que asiduamente consumía en "la heladería de los chinos", luego de disfrutar de un rato de esparcimiento en el parque Leoncio Vidal de su nativa Santa Clara. Recuerda los años juveniles, también políticamente convulsos, y ríe con la franqueza de quien no alberga odios ni resentimientos, aunque el presente y futuro de Cuba le preocupan con la seriedad que merecen.

J. A. Albertini: *Luis González Infante dice que no participó en muchas huelgas de hambre, durante sus años de presidio político. ¿Por qué esa postura?*

Luis González Infante: Participé en la medida en que lo consideré imprescindible. Yo sabía que la lucha contra el castro-comunismo no sería fácil y, siempre que pude, opte por conservar las energías. Aunque, déjame aclarar, tomé parte en varias huelgas. Otras sumamente importantes, dentro de la historia de nuestro presidio político, no las integré porque en esas fechas estaba en otras prisiones. La que se dió en la cárcel de Guanajay en el año 1968 y de la que Roberto Martín Pérez fue uno de los delegados, hubiese, de haber estado allí, contado con mi apoyo activo. Muchas, pero muchas huelgas de hambre fueron necesarias e importantes. Fue una manera heroica de demostrarle a nuestros carceleros y verdugos, toda la razón y dignidad que siempre asistió y asiste a nuestra causa. Nuestra causa es la libertad y eso trasciende fronteras.

En las entrevistas testimoniales que conforman este libro hay una pregunta invariable y necesaria.¿ Cuál fue la huelga de hambre que más impactó a Luis González Infante?

La que sostuvimos en el año 1975, en la prisión, mejor yo diría campo de concentración al mejor estilo nazi, Nieves Morejón, cercana al poblado de Guayos, en lo que hoy es la provincia de Sancti Spíritus.

¿Hubo víctimas fatales?

No las hubo, pero es la más que recuerdo porque sufrí bastante a nivel físico y rememoré momentos de mi niñez y adolescencia que fueron tan verdaderos que, periódicamente, pienso en ellos como una realidad que, para mí, se ha hecho presente constante.

¿Cuál fue o es esa realidad presente?

Estuvimos veintiún días en huelga de hambre. Yo estaba junto a, aproximadamente, ciencuenta u ochenta hombres en la barraca cuatro. Todo el penal, menos los más ancianos por recomendaciones nuestras, se sumó a la huelga.

Bueno, vamos al grano. Los primeros días padecí fuertes dolores de cabeza y deseos de vomitar. Luego, eso pasó y el cuerpo comenzó a debilitarse. Al principio de la huelga me levantaba y caminaba por la barraca. Luego me puse tan débil que permanecía acostado la mayor parte del tiempo, aunque alzaba los brazos y las piernas, para activar la circulación.

Pensaba mucho, con tanta fuerza que el pasado se convirtió en presente. Volví a ver a mi abuelo, ya te hablé de él. Fue soldado mambí y se llamó Higinio Infante Inclán. También disfruté de conversaciones perdidas en el tiempo con el dirigente estudiantil villaclareño Porfirio Remberto Ramírez. El Negro Ramírez, como cariñosamente le llamábamos y al que fusilaron, por decisión de Fidel Castro. Porfirio fue un verdadero líder democrático y eso no lo podía permitir Fidel Castro.

De esas ensoñaciones y de lo que en ellas hablé con mi abuelo y el Negro Ramírez saqué fuerzas para proseguir en la huelga de hambre. En una oportunidad me sentí físicamente tal mal que, con mucha tranquilidad y determinación, le escribí una carta a mi madre, Benita Infante, y se la entregué a mi amigo, ya fallecido, Osvaldo Verdecia, para que en caso de que me sucediese lo peor, él u otra persona designada se la hiciesen llegar.

Verdecia, como ya dije, era de los más ancianos, por lo tanto no estaba en la huelga. Sabíamos que los mayores, por edad y dolencias físicas, no resistirían.

¿Qué le decía a su señora madre en esa carta?

Entre otras cosas, que no se sintiese afligida si yo moría. Que el padre de ella, mi abuelo, el mambí Higinio, de estar vivo apoyaría mi decisión que no era de índole personal, sino de alcance cubano.

¿Y cuál fue el detonante de esa huelga de hambre?

Cuando llegamos a Nieves Morejón, procedentes de la prisión de Manacas, las condiciones, paulatinamente, empezaron a ponerse peor de lo que siempre estuvieron. La dirección del penal, cumpliendo órdenes de carácter nacional, para todos los llamados presos plantados, recrudecieron la represión. Requisas y golpizas indiscriminadas estaban a la orden del día. Correspondencia y visitas eran suspendidas a capricho. Apenas nos daban pan, alimento indispensable para el recluso político, y el resto de la comida era poca y digna de cerdos.

Ellos querían doblegarnos, llevarnos a aceptar el plan de reeducación.

Dadas esa condiciones nos declaramos en huelga de hambre.

¿Cuántos fueron a la huelga?

El penal en pleno. Fuimos todos.

¿Cómo reaccionó la guarnición? Digo, la dirección del penal.

Al principio trataron de intimidarnos con amenazas. Después vinieron promesas vagas y sugerencias.

¿Durante la huelga de hambre llegaron a golpearlos?

No se atrevieron. Como te dije, la prisión completa, descontando a los viejos, se acogió a la huelga. Eramos alrededor de trescientos hombres y estábamos dispuestos a todo. Ellos lo sabían.

¿Recuerda el nombre de algunos huelguistas?

Algunos sí; imposible acordarse de todos. Allí estaban Eddie Arce, Ricardito Vázquez, Kiko Acosta, Miguel Quesada, Rolando Blanco, Daniel Valdivia, Pastor Macurán, Roberto Gesni, Rigoberto Acosta Díaz, más conocido por el sobrenombre de El Látigo, y otros muchos. Por cierto, El Látigo, tiempo después, participó, allí mismo, en Nieves Morejón, en otra huelga de hambre, en la que murió José Barrios Pedré.

¿Cómo concluyó la huelga de hambre de la que hablamos?

Aceptaron nuestras condiciones que, repito, eran humanamente básicas. En Cuba, durante las dictaduras de los generales Gerardo Machado y Fulgencio Batista jamás se maltrató a un prisionero político como lo ha hecho Fidel Castro y sus carceleros. En cualquier otro país de nuestro continente, de los que han padecido dictaduras, las torturas, si las hubo, terminaban, en la mayoría de los casos, cuando la personas era condenadas y transferidas a las prisiones. Castro, realmente, las comienza en las cárceles y se sistematizan en aquellos prisioneros que rechazan su cacareado plan de reeducación política.

Prueba de lo que digo es el amplio rosario de hermanos maltratados, enfermos, mutilados y muertos que arrojó y sigue arrojando su sistema penitenciario. Esto, en la actualidad, también abarca a los reos comunes. Creo que me salí de la pregunta...

No, realmente lo que usted dijo forma parte de la realidad que se vivió y se vive en las cárceles y campos de concentración del sistema, aunque a estos últimos prefieran llamarles granjas de trabajo y reeducación. En definitiva ustedes ganaron esta huelga. ¿Así fue...?

La ganamos porque nos amparaba la razón y la moral. Nosotros estábamos dispuestos a llegar hasta el final, aun a costa de nuestras vidas. Y si la guarnición hubiese recurrido a una intervención violenta, para concluir el movimiento huelguístico, Nieves Morejón iba a terminar convertida en la tumba de nosotros y, por supuesto, de muchos de ellos.

Febrero 2006.

CONSTRUIR ES SU VOCACIÓN Y OFICIO

Yace en la parte superior de la litera. En la inferior descansa Huber Matos. Más que la propia le preocupa la salud de Huber, pues recientemente éste había concluído una huelga de hambre de casi cinco meses en la cual, a pesar de haber sido alimentado, contra su voluntad, por medio de sondas y sueros, estuvo a punto de morir.

Por eso, con la vista fija en el techo, le habla frecuentemente para, por medio de las respuestas, seguir el estado físico y mental del amigo.

Esta vez, como otras tantas, a una pregunta suya, de la litera de abajo le llega la voz de Huber que, aunque suena débil, es lúcida e implica hasta una broma.

Ante la ocurrencia de Huber Matos, Tony Lamas sonríe. Guarda silencio y recuerda que de los ochocientos y tantos presos políticos cubanos plantados que, en el mes de septiembre del año 1969, en la prisión de La Cabaña, iniciaron la huelga, sólo quedan cuatro.

A la semana de comenzada la protesta, por diferentes motivaciones, los compañeros van deponiendo la actitud. A los treinta y cinco días, los que restaban, menos los cuatro, entre los que se encuentra Tony Lamas, aceptan las promesas vagas del jefe del penal y abandonan la postura.

Entonces, la Dirección General de Cárceles y Prisiones, temerosa de que el ejemplo de los cuatro empecinados vuelva a inflamar la llama del reclamo, opta por aislarlos en las tristemente célebres capillas o capillitas. Celdas pequeñas, sucias, húmedas, lóbregas y espartanas, donde los castro-comunistas recluyen a los patriotas cubanos que horas después del simulacro de un llamado juicio revolucionario, son fusilados en los fosos de la vetusta fortaleza colonial. Tony vuelve a sonreír y para distraer los estragos de la huelga de hambre, mentalmente, repasa su vida anterior.

Construir y pintar de colores vivos casas y edificios siempre fue su gran pasión porque, en los libros escolares de texto de la Cuba republicana, aprendió que un pueblo que no levante hogares jamás disfrutará el derecho de llamarse nación.

Motivado por ese pensamiento de profunda raíz patriótica iniciado, al repique de campanas libertarias, el diez de octubre de 1868 y abonado con sangre presagiosa, en el campo de batalla de Dos Ríos, el diecinueve de mayo de 1895 determina, en plena adolescencia, sumarse a la edificación de la República que caminaba en pos de lograr la cristalización de las palabras que concatenaron la frase: "Con todos y para el bien de todos".

Tony Lamas aún es adolescente y ya sus manos muestran las callosidades que surgen del trabajo manual y fecundo que ayuda al sostenimiento familiar.

Disfruta contemplar y saberse parte del esfuerzo humano que a impulsos de la revolución que derrocó a la dictadura del general Gerardo Machado, dio paso a leyes de beneficio popular que se concretaron en la Constitución de 1940 y que cambiaron el paisaje ideológico y material de Cuba.

Por eso, para colocar su granito de arena en la consolidación de las instituciones democráticas del país, es miembro fundador del Movimiento Juvenil Democrático. También milita en el Partido Revolucionario Cubano (Auténtico) y posteriormente en el Partido del Pueblo Cubano (Ortodoxo).

Siendo miembro de la ortodoxia, en el año 1952, a meses de las elecciones presidenciales, el general Fulgencio Batista propina un Golpe de Estado, suspende la Cotitución de la

República e impone un régimen de fuerza.

Dada sus profundas convicciones democráticas e intuyendo que esta segunda dictadura enlutaría el desarrollo social de Cuba, se involucra en la lucha para retomar el camino constitucional.

Sus actividades clandestinas lo enfrentan a múltiples riesgos. Es detenido por las autoridades represivas y el derrocamiento de la dictadura batistiana lo sorprende guardando prisión política.

Lleno de entusiamo integra el proyecto que lidereado, entre otros, por Fidel Castro Ruz promete retornar a Cuba a la vía democrática.

En poco tiempo, Fidel Castro se apropia de las riendas de la revolución y comienza a imponer un gobierno dictatorial y autocrático.

Tony Lamas, palpando la traición y convencido que Castro aspira a comunizar la República, vuelve a la lucha activa y clandestina.

Nuevamente es detenido y luego de un largo proceso, en el que son violados todos sus derechos humanos y constitucionales, es condenado a purgar largos años de prisión política.

Rememorar el camino que lo condujo a estos meses finales del año 1969. A esta litera carcelaria en la que reposa su cuerpo, sometido a los estragos de la prolongada huelga de hambre. Entonces, paradójicamente, acentúa la sonrisa silenciosa.

Sí, sonríe con orgullo. Con el orgullo que brinda la certeza del deber que se cumple hasta las últimas consecuencias. Deber que nutre el ejemplo y la memoria de los que todo lo dieron para forjar una nación libre y soberana.

Prisión de Isla de Pinos

JOSÉ ANTONIO (TONY) LAMAS DE LA TORRE

Nace un dieciséis de abril de 1931 en la ciudad de La Habana, en el regazo de una famila proletaria donde la honradez y las tradiciones patrias están presentes y contribuyen a moldear, desde pequeño, el carácter de Tony.

Apenas completada la enseñanza primaria comienza a trabajar en la construcción, pero no por eso descuida su superación cultural. Se convierte en autodidacta y en las horas de descanso devora todo tipo de lecturas; preferentemente los textos históricos y políticos. Le apasionan los relatos de las guerras de independencias de Cuba. Las biografías de nuestros próceres, las obras de José Martí. El desempeño, a partir de lograda la idependencia en 1902, de los gobiernos repúblicanos. La revolución de 1933 que depuso al dictador Gerardo Machado, así como la corta vida, al servicio de Cuba, de Antonio Guiteras Holmes.

Ese apego y amor por la historia patria lo motiva a participar en la vida política y democrática del país. Milita en diferentes organizaciones y partidos con la convicción que el ciudadano que no ayuda a fortalecer y desarrollar las instituciones, emanadas de la constitucionalidad de la nación, se convierte en un simple espectador, a la espera que otros más decididos y, por qué no, algunos oportunistas inevitables se adjudiquen su opinión y hasta le señalen el modo de comportarse y vivir.

En este devenir de ilusiones tangibles lo sorprende el Golpe de Estado del general Fulgencio Batista, al que se le opone activamente desde el mismo diez de marzo de 1952. Durante los siete años de dictadura conoce de clandestinaje, persecusión y prisión. Al fin, el día primero de enero de 1959, triunfa la revolución que había prometido retomar el camino constitucional y aplicar el ideario martiano.

Tony Lamas, luchador destacado, es investido con grados de capitán y asignado a la Policía Nacional Revolucionaria (P.N.R.) bajo el mando directo de Efigenio Ameijeiras.

Pronto, gracias a sus conocimientos políticos e históricos, comprende que Fidel Castro, auxiliado por un grupo de incondicionales, se está apropiando del proceso revolucionario y lo encamina a una dictadura comunista de hechura stalinista.

Obtiene el licenciamiento del cuerpo de policía y vuelve al oficio de constructor, a la vez que reemprende el ya transitado camino de la lucha.

Víctima de una persecución feroz, por sus actividades, termina siendo detenido. Sometido, por los esbirros del tristemente célebre G-2, a un denigrante proceso de interrogatorios crueles, en los que se combinaban la tortura física y mental, pasa meses.

A la postre, en un juicio amañado es sentenciado a veinte años de prisión.

J. A. Albertini*: ¿A cuántos años de prisión política fue condenado por el régimen castrista?*

Tony Lamas: Fui condenado a veinte años en la causa número 240 de 1961.

¿Cumplió toda la condena?

Toda la condena más dos años y cuatro meses.

¿Fue recondenado?

Oficialmente no lo fui, porque nunca me dijeron nada. Simplemente me dejaron preso.

Entonces, ¿por qué lo dejaron preso?

Porque jamás pudieron someterme ideológicamente. Nací libre y moriré libre. Además, yo sí soy un genuino revolucionario cubano y eso nunca los comunistas lo han podido soportar. Ellos, empezando por Fidel Castro, son los verdaderos contrarrevolucionarios. De hombres y mujeres con ideas semejantes a las mías estaban llenas las cárceles de Castro. En el presente nuevas generaciones de luchadores cubanos, incluso nacidos bajo el castrismo, han ocupado nuestro lugar dentro de la Isla.

El llamado "hombre nuevo" que propugnó el régimen, y que tanto enfatizó el asesino Ché Guevara, no pasó de ser un desperdicio humano.

En Cuba, sí hay una generación de hombres y mujeres nuevos que se oponen al sistema comunista. Nuevos en edad, pero descendientes ideológicos del ejemplo de nuestros libertadores y del ideario martiano.

Cuba nunca necesitó ir al extranjero para encontrar un estilo de sociedad y gobierno que aplicar. Todo lo tenemos en el ejemplo democrático y humanista que nos legaron nuestro prohombres y muchos cubanos ilustres, pertenecientes a las generaciones que aportaron a partir de la inauguración de la República de 1902.

Pienso en Antonio Guiteras, Frank País, José Antonio Echeverría y otros.

¿En cuántas huelgas de hambre participó?

155

En algunas. Recuerde que estuve preso más de veinte años y las huelgas de hambre, aunque iban contra la salud, era uno de los pocos recursos que tenía el preso político cubano para hacerse sentir y patentizar, ante las autoridades comunistas, que eras o éramos hombres libres de ideas democráticas que se habían enfrentado, en muchos casos de forma violenta al régimen, porque éste, en su afán totalitario, eliminó los caminos en los que la oposición podía expresarse libre y civilizadamente, respetando y sin atropellar al contendiente.

Entre las metas de Fidel Castro y sus esbirros carcelarios, estaba la de anularnos como personas pensantes. Destruírnos más emocional que físicamente, para así hacernos sentir culpables y en deuda con el sistema que al final terminaría siendo el supremo perdonavidas, del cual debíamos quedar agradecidos. Con esas miras fue que inventaron el plan de reeducación política.

Pero con nosotros, los presos políticos plantados, les salió el tiro por la culata. Nunca nos doblegaron espiritualmente, aunque ese doblez fuese transitorio y humanamente comprensible. No todos los hombres poseen igual nivel de resistencia.

Y de todas las huelgas de hambre en las que tomó parte, ¿cuál es la que más lo impactó o recuerda?

La que se inició en la prisión de La Cabaña en septiembre de 1969 y que de forma incorrecta se le recuerda como la huelga de los treinta y cinco días.

¿Por qué mal llamada...?

Porque a los treinta y cinco días deponen la protesta el grueso de los que restaban. Pero, Huber Matos, José Ramón Castillo del Pozo, Silvino Rodríguez Barrientos y yo, proseguimos la huelga.

Para que sea más claro, voy al principio de los hechos. Esta huelga de hambre, considerada la más grande de todas, en relación a la cantidad de presos plantados que la integraron, comenzó a inicios del mes de septiembre de 1969, como ya te dije.

Fuimos a la huelga por las mismas causas de siempre. Malos tratos, comida pésima y escasa. Ausencia de visitas y correspondencia, falta de higiene, atención médica deficiente, etc. Este movimiento se gesta en las galeras dieciséis y diecisiete y luego se extiende a las demás. Fue una huelga de presos plantados que involucró a los ochocientos sesenta o setenta reclusos que nos encontrábamos en la Cabaña.

Huber Matos, que aún no estaba del todo recuperado de una prolongada huelga de hambre que casi le cuesta la vida y que se prolongó desde marzo hasta agosto de 1968, aunque no fue el líder de esta protesta, por solidaridad, acoge la idea y se suma al movimiento.

Muchos amigos, entre los que me encontraba, le pedimos a Huber que no fuese a esta huelga, pues sus condiciones físicas no eran las mejores y todos estábamos convencidos que esta vez los castristas lo dejarían morir para al fin quitárselo de arriba. De todas formas el mundo exterior no conocía o era indiferente al sufrimiento del pueblo cubano. Nadie o muy pocas voces se alzarían para protestar si Huber Matos moría. Esto que te digo quedó demostrado cuando pocos años después, en mayo de 1972, en el Castillo del Príncipe, las autoridades castristas y principalmente el coronel Medardo Lemus, por entonces jefe de Cárceles y Prisiones, dejaron morir en huelga de hambre al dirigente estudiantil, de estatura continental, Pedro Luis Boitel.

Existen revelaciones que aseguran que el propio coronel Medardo Lemus fue quien asesinó a Pedro Luis.

¿Cómo fue eso?

157

Allí, en el Castillo del Príncipe, muy cerca de donde agonizaba Pedro Luis Boitel, estaba un norteamericano que había vivido muchos años en Cuba, en la provincia de Pinar del Río, donde tuvo negocios hasta que los castristas lo detienen, acusan y condenan por oponerse al comunismo. Cuando lo conocí ya era un hombre mayor. Ya murió y se llamó Frank Emil.

La cosa es que Frank me contó que, en el año 1977, estando ambos en la prisión Castillo del Príncipe, él vió, desde una posición desde la cual no era facilmente visible, como el coronel Medardo Lemus se aproximó solo, sin ningún tipo de escolta, al camastro en el que descansaba Pedro Luis Boitel. Pedro Luis, por falta de atención médica, prácticamente estaba en las últimas.

Cuenta Frank Emill que Medardo Lemus miró con cautela a su alrededor. Luego tomó una almohada y la apretó contra el rostro de Pedro Luis. Así, presionando la almohada, Lemus se mantuvo por unos minutos, hasta que el cuerpo de Pedro Luis sufrió un leve estremecimiento. Me dijo Frank que él supo que Pedro Luis había fallecido porque alcanzó a distinguir como los pies de Boitel se movieron en una especie de temblor suave, muy suave.

Esto sucedió en la enfermería del Castillo del Príncipe. Frank, por una dolencia que no recuerdo, estaba allí. Incluso, él me detalló las causas por los que Medardo Lemus no pudo verlo, pero realmente no memoricé los pormenores.

Frank Emill salió de presidio y llegó a los Estados Unidos en el año 1979. Entonces denunció el hecho. Si buscas la prensa de la época, tanto en inglés como en español, encontrarás las declaraciones del norteamericano.

Triste y trágico; pero volvamos al relato de la huelga de hambre.

Huber Matos no pudo ser convencido y desde el inicio integró la huelga. Este movimiento, tal vez por lo grande que fue, no alcanzó las reivindicaciones planteadas. En menos de una semana los compañeros, por diferentes y plausibles motivos, comienzan a desistir del empeño.

Entonces, la dirección del penal, viendo que ganaba terreno y para fomentar la división de criterios, concentra en las galeras veintitrés y veintitrés-A, a los que consideraba líderes. Allí fuimos a parar, entre otros, Huber Matos y yo.

A los treinta y cinco días, como ya conoces, todos menos cuatro personas abandonan la huelga. Entonces, nosotros, los cuatro, les comunicamos a las autoridades penitenciarias que íbamos a seguir.

Casi de inmediato nos trasladan para dos capillitas. En la Cabaña, las capillitas eran, y son porque todavía están allí, las celdas pequeñas, húmedas y prácticamente inhabitables en las que se recluían a los patriotas que iban a ser fusilados. Las capillitas están próximas al paredón y desde ellas se escucha todo lo que acontece con los que están siendo asesinados.

Pues bien, nos llevan para las capillitas, una junto a la otra. José Ramón Castillo, Castillito como todos le decíamos, compartió una con Silvino Rodríguez Barrientos. Huber Matos y yo en la otra.

¿Qué condiciones encontraron ustedes en las capillitas?

Las mismas pésimas condiciones que los castro-comunistas brindan en sus prisiones. Lo único novedoso fue que, contra una de las paredes, colocaron una maltrecha litera cuartelaria de dos camas.

Como Huber estaba en un estado muy delicado le cedí la de abajo. Recuerdo que los alambres del bastidor se me clavaban en la espalda.

Por otro lado, oficiales de alto nivel del Ministerio del

Interior, entre ellos Medardo Lemus, Enio Leiva, Alipio Zorrilla y otros, nos visitaban frecuentemente para tratar que depusiéramos la actitud. Por cierto, Medardo Lemus siempre se extralimitó en su rencor hacia nosotros. Sobre todo contra Huber al cual, a pesar de su estado de indefensión, torturó personalmente, en varias ocasiones. También, en las horas del desayuno, almuerzo y comida, dejaban frente a la reja las correspondientes bandejas con alimentos apetecibles, nunca antes suministrados a ningún preso.

Una mañana, de la capillita de al lado, sacan a José Castillo del Pozo y lo llevan para otra celda en la que, por la nariz, le pasan unas sondas y lo alimentan a la fuerza con un caldo lleno de proteínas. Casí lo matan, pues cuando llevas muchos días sin ingerir nutrientes el organismo no puede recibir otra cosa que no sea alimentación intravenosa y, por vía oral, caldos muy ligeros.

En esta oportunidad, cuando ya no se contaba con él, milagrosamente Castillito sobrevivió y se mantuvo en la huelga.

De hecho, a causa de aquello y otros maltratos que padeció durante esta huelga de hambre sin recibir atención médica, Castillito murió tiempo después en otra prisión, víctima de terribles dolores de hígado, según cuentan testigos oculares.

A los treinta y ocho días, Silvino Rodríguez Barrientos, a pedido de su famila, desiste de la huelga.

Yo veía como Huber se deterioraba rápidamente. Las secuelas de la huelga anterior se le sumaban a ésta y ponían su vida en peligro.

Para mantenerlo animado y poder evaluar su claridad mental conversaba mucho con él. Sin verlo, desde mi litera, le hablaba; de la inferior me llegaba su voz.

A los cuarenta y tres días de huelga de hambre, como he descrito, desde nuestros repectivos camastros, conversábamos. Todo iba bien, pero a una pregunta mía Huber no reponde. Le repito la pregunta y por contesta recibo la callada.

Entonces me ladeo en la litera y miro hacia abajo. Huber tenía la vista fija, como pescado en vidriera, y se había orinado. Me doy cuenta que está muy mal, Tal vez en las últimas.

Con cuidado, pues yo también estaba débil, me bajo de la litera y junto a la reja formo tremenda gritería. Vienen los guardias y a continuación la dirección del penal.

Exijo que atiendan a Huber y me responden que si no dejamos la huelga de hambre ellos lo dejaran morir. Grito a voz en cuello, los insulto y a empellones me sacan de la celda. En el pasillo, que conduce a la galera veintitrés, grito más fuerte y denuncio que quieren matar a Huber.

Son horas en las que pasan muchas cosas. Entre ellas es que para revivir a Huber se extralimitan y llegan hasta la tortura. Todo esto sucede bajo la supervisión de Medardo Lemus, jefe de Cárceles y Prisiones.

A pesar de la determinación que yo tenía de llegar hasta las últimas consecuencias, me doy cuenta que los jerarcas castristas están dispuestos a contribuir a la muerte de Huber Matos y a la nuestra. Eramos demasiado estorbo para ese régimen de cruel prepotencia.

Entonces hablé con Castillito, que estaba en la capillita de al lado, y le dije que para salvar a Huber teníamos que desistir de la huelga. El estuvo de acuerdo y acto seguido le comuniqué a las autoridades carcelarias nuestra determinación. Les manifesté que cuando Huber recobrase el sentido yo le explicaría la resolución que Castillito y yo habíamos tomado. Ellos dudaron, pero les aseguré que Huber acataría nuestro compromiso.

Y fue así, tan pronto Huber Matos tuvo conciencia plena, entendió que en esta huelga de hambre Medardo Lemus y otros satélites castristas tenían planes para dejarlo morir. En definitiva, ellos alegarían que morir fue la voluntad del huelguista.

Por cierto, en el libro de Huber, *"Cómo llegó la noche",* todo esto está perfectamente explicado.

Ha hablado más de otros que de usted. Pero para los efectos de este testimonio es indispensable conocer otros ángulos. Por ejempo, ¿cómo se sintió Tony Lamas durante los días de ayuno?

Desde el momento que Huber Matos, Silvino Rodríguez Barrientos, José Ramón Castillo del Pozo, y yo optamos por proseguir la huelga, y nos aíslan en las capillitas, se me olvidaron un poco las dolencias, ya que el que estaba en mejor estado físico era yo. La salud de Huber y Castillito me preocupaba bastante.

Malestares, por supuesto, tuve. Principalmente las dos primeras semanas en que me acometieron unos vómitos que me dejaban tembloroso y extenuado. Esto pasaba cada vez que tomaba agua, que era lo único que ingeríamos. Agua que tomaba, agua que devolvía.

Toda huelga de hambre, corta o prolongada deja huellas. Huellas corporales y mentales, que de una forma u otra te acompañan por el restro de tu vida.

¿Alcanzó esta huelga de hambre las demandas planteadas?

En el plano material, no. La Dirección de Cárceles y Prisiones no cedió a nuestras demandas. Ya conoces las causas por las que abandonamos la postura.

Pero, por otro lado, en esa ocasión, como en otras protestas anteriores, quedó bien definido que aunque la fuerza bruta favorecía a los comunistas, la razón que emana del indestructible pensamiento democrático cubano estaba de nuestro lado. En la lucha frontal contra Castro, así como en el presidio político cubano no existió, existe o existirán sacrificios estériles. Cada lágrima, gota de sangre derramada o vida tronchada es un paso, aunque doloroso y no deseado, hacia la libertad.

Una pregunta final. A lo largo de los años de cautiverio, ¿en cuántas prisiones estuvo Tony Lamas?

La Cabaña, Presidio Modelo de Isla de Pinos, La Cabaña, otra vez, Guanajay, Castillo del Príncipe, Combinado del Este... A lo mejor olvido alguna.

Abril 2006.

Prisión de mujeres Manto Negro

SIEMPRE FUE LIBRE

Está en una celda aislada, al final de un pasillo. Hay otras pero las mantienen desocupadas. El único contacto humano que tiene es con la reclusa común, con la que no intercambia palabras y que, día a día, frente a su reja deposita los alimentos que ella no ingiere.

Permanece quieta sobre el camastro. Lleva varias jornadas en huelga de hambre y apenas toma agua. Al principio experimenta náuseas, pero su juventud, preparación física y mental le ayudan a sobrellevar el encierro.

Le molestan las paredes y los barrotes que limitan su libertad, pero con el pensamiento se transporta a la finca familiar, en San Miguel del Padrón, donde ha vivido desde los tres años de edad.

Adora los espacios abiertos, el ruido del trueno que anuncia la lluvia de primavera, el aire cargado de olor a tierra mojada que sacude el follaje de los árboles y el canto madrugador de los gallos. Adora su libertad de campesina cubana que se incrusta en el alma y que nada ni nadie le podrá arrancar y menos aquí, en este encierro, en esta prisión arbitraria y lóbrega donde, paradójicamente, la presencia de Dios y el amor de madre le llegan con fuerzas renovadas.

Nace tres años después del triunfo de la revolución que lidera Fidel Castro Ruz. En la escuela, desde pequeña, escucha hablar de justicia social, igualdad y repartición de la riqueza. También, le dicen que aquél que no piense como el Comandante en Jefe es un gusano y apátrida.

Ella no entiende, pero sigue compartiendo con sus compañeritos de aula lecturas y juegos infantiles, aunque nunca llega a comprender por qué las niñas, en los actos patrióticos de la escuela, tienen que repetir a coro, junto con los varones: "Seremos como el Ché".

Fue creciendo y supo que profesar la fe cristiana y asistir a la iglesia se considera una deslealtad a la revolución y a Fidel. Pero el sentimiento puede más que el temor. Proviene de una familia cubana, campesina y libre que amando las llanuras, los ríos, los montes y los animales aprende a entender y reverenciar la obra de Dios.

A pesar de los inconvenientes se aproxima a las prédicas católicas. Recibe los sacramentos y catequisa a otros niños, cuyos padres, como los suyos, no le temen a las represalias del régimen.

En la escuela practica deportes. Se destaca en el yudo y comienza a cuestionar y rechazar las injusticias humanas y sociales que la dictadura totalitaria le impone a la ciudadanía. A punto de concluir la enseñanza secundaria y poseedora de la cinta color marrón, aspira a la negra, pero entrevistada por unos oficiales del Ministerio del Interior, ansiosos de reclutarla para que integrase los cuerpos represivos del régimen, gracias a sus habilidades en las artes marciales, ella se niega y proclama, entre otros puntos, sus creencias religiosas.

Esta postura la descalifica y le impide obtener la ansiada cinta negra, al tiempo que le obtaculizan la entrada a la enseñanza superior. En varias oportunidades, por su amor al campo y a los animales, trata de comenzar los estudios de veterinaria pero, de una u otra forma, las autoridades educacionales, supeditadas a la política ideólogica del gobierno castro-comunista, le niegan la posibilidad, bajo un cúmulo de excusas manidas.

Ahora, está aquí. Permence en esta celda solitaria de la prisión de mujeres nombrada Manto Negro. Lleva varios días en huelga de hambre y por defender su derecho a la libertad está dispuesta a llegar a las últimas consecuencias.

Y en esta tarde carcelaria de sol cautivo, del año 1997, recuerda a sus dos hijas pequeñas e intuye que lo más genuino y hermoso y que puede legarles, si es que muere, es haberles mostrado, con su sacrificio, el camino irrenunciable de la libertad.

Centro de detención policial conocida –por su localización en Ciudad
Habana– como Cien y Aldabó

MARITZA LUGO FERNÁNDEZ

Nació un día doce de abril de 1963 en una finca cercana al pueblo de Santa María del Rosario, en la provincia de La Habana.

Contando tres años de edad la familia se traslada para otra finca en San Miguel del Padrón.

Allí, Maritza crece libre, rodeada de espacios abiertos, vegetación y animales domésticos. De pequeña, por un tiempo, pensó que el horizonte era alcanzable y que al llegar a él se podría tocar el cielo con las manos.

Asiste a la escuela cercana, hace amiguitos, practica deportes y anhela convertirse en veterinaria.

Grado a grado, en la escuela primaria le repiten que la revolución de Fidel Castro rescató la verdadera soberanía de Cuba y que hay que estar atentos contra los enemigos que pretenden destruir la obra de Fidel.

Es por eso que ve, aún sin comprender del todo, como compañeritos de aula, de un día para otro, por tratar sus padres abandonar el país, son borrados de la lista de asistencia y los maestros olvidar sus nombres.

Pasan los años y Maritza descubre que creer en Dios no es lo apropiado. Sin embargo ella es católica y proclama su fe.

En el año 1980, a raíz del éxodo del Mariel, Maritza Lugo Fernández, siendo ya una adolescente asiste, como espectadora, a los abusos, atropellos y golpizas que las turbas castristas desarrollan contra los opositores que pacíficamente manifiestan sus deseos de abandonar la Isla.

Estos acontecimientos y otros excesos de poder hieren su sensibilidad humana y cristiana, al punto que sirven para sentar los principios sólidos y definidos que la convertirían, poco tiempo después, en la actual luchadora por la libertad de Cuba.

J. A. Albertini: *¿Cuántos años de presidio político usted cumplió?*

Maritza Lugo: En total fueron cinco años, aunque de condena fueron dos.

¿Cómo es eso...?

Eso es porque yo cuento todas las veces que estuve detenida. A veces pasaban meses de confinamiento e interrogatorios, sin que me formularan cargos específicos. Estuve en Cien y Aldabó, Villa Marista, y otros lugares, pero al fin, por mi labor dentro de la oposición interna y pacífica, me sentenciaron a dos años en un juicio que fue toda una patraña, lleno de testigos falsos, muchos de ellos chantajeados por los oficiales del G-2, que declararon en mi contra.

Conozco que usted nunca sintió simpatías por el actual gobierno comunista de Cuba. Además, desde niña fue católica, pero siendo tan joven, ¿por qué en vez de pensar en estudiar o abandonar el país, como muchos, se dedicó a la lucha pacífica contra el régimen?

Para realizar estudios superiores siempre me pusieron trabas. Por otro lado, nunca he podido ser indiferente al dolor ajeno y a la injusticia. Soy muy contestona. A esto súmele que a los dieciocho años me casé con Rafael Ibarra Roque, el padre de mis hijas. En el presente estamos divorciados.

Rafael fue y es –en la actualidad guarda prisión en Cuba– un ferviente amante de la libertad y luchador infatigable por la real democratización de la sociedad cubana. Junto a Rafael me involucré activamente en la causa. Primero en el Comité de Ex Presos Políticos y después en el Partido 30 de Noviembre, Frank País. Rafael y otros compañeros empezaron a ser detenidos. Yo los visitaba y comencé a asumir las responsabilidades, dentro de la lucha, que ellos, forzosamente, dejaban. Entonces, para mí y familares cercanos, comenzó un acoso implacable. Me detenían constantemente. Para darme "consejos", como ellos decían. Luego vinieron las amenazas directas, en las que involucraban a mis padres e hijas pequeñas. Los registros en nuestra casa se sucedían con frecuencia. Para intimidar a mis padres comenzaron a confiscar nuestras propiedades. Fue una época bien dura.

¿Y la huelga de hambre? Hábleme de la huelga.

Como en otras ocasiones fui detenida y llevada a una estación de policía. Allí, volvieron los interrogatorios, las amenazas y los intentos de chantaje en los que mencionaban a mis dos hijas. Pero esta vez me dijeron que iba a ser enjuiciada y condenada, porque ellos tenían varios testigos los cuales me acusarían públicamente de mis actividades "contrarrevolucionarias".

Entonces, me trasladaron a la prisión para mujeres de Manto Negro, que está en el municipio de la Lisa, kilómetro cuatro y medio de la carretera al Guatao. Esa dirección nunca se me olvidará.

Al llegar a Manto Negro, aunque aún no ha sido juzgada, ¿comienza la huelga de hambre?

No, la huelga de hambre la inicié en la propia estación de policía.

¿Por qué tan rápido? ¿Fue físicamente maltratada? ¿Por qué no espero al juicio? A lo mejor hubiese sido puesta en libertad, como en oportunidades anteriores.

Tan rápido, porque ya estaba cansada que se violaran, constantemente, mis derechos humanos y civiles. Nunca conspiré para derrocar violentamente a la tiranía castrista. Todo lo hice, junto con los demás hermanos, dentro de las normas democráticas y civilizadas que desarrolla cualquier oposición política que persigue un cambio para que la nación, en su conjunto, prospere y deponga el fanatismo y odio ideológico que drena el amor y las capacidades creativas del ciudadano.

Y aunque nunca fui maltratada físicamente, por años ya lo venía siendo psicológicamente. Ellos acostumbraban a detenerme de modo arbitrario, cada vez que les venía en ganas. Me incomunicaban, humillaban y trataban de chantajearme. Eso acumuló tiempo, años y esta vez no estaba dispuesta a permitirlo.

Por eso, en la estación de policía comencé la huelga. Le dije a ellos y a mí misma: "Nada he hecho, ustedes son los que, sin razón lógica, atentan contra mi persona y familia. La libertad o la vida". A partir de ese razonamiento me negué a ingerir alimentos.

En espera del juicio es trasladada a Manto Negro...

Así fue. Me llevan a Manto Negro y aíslan en una sección que recuerdo era un corredor, con rejas a la entrada, y diez o doce celdas a lo largo del pasillo. Me encierran en una de las celdas. Las restantes estaban desocupadas. Todos los días, a determinadas horas, abrían la reja que bloqueaba la entrada al pasillo y, supongo, una presa común, que no pronunciaba palabra alguna, dejaba junto a los barrotes de mi celda los alimentos. Alimentos que yo no tocaba.

¿Cómo pasaba el tiempo?

Acostada para ahorrar energías. Rezaba mucho y le pedía perdón a Dios, por la postura que había adoptado, ya que en definitiva era un acto que atentaba contra la vida. Mi propia vida. Tengo dos hijas. Pero también por medio de la oración llegué al convencimiento que Dios me comprendía, porque él fue un ser que vino a liberar a la humanidad y por ella se ofreció en sacrificio.

Llegar a esa conclusión me tranquilizó y armonizó con el yo interno, porque yo estaba haciendo un sacrificio por la libertad, incluyendo la de mis hijas.

¿Cuándo le celebran el juicio?

A los siete días de estar en Manto Negro me llevan al tribunal militar de Marianao. Las calles aledañas y el edificio estaban tomados militarmente. Muchas personas se congregaron para ver el proceso, pero fueron violentamente dispersadas o arrestadas. Sólo mis familiares allegados pudieron entrar a la sala.

El juicio derivó en un sainete grotesco. En primer lugar, los testigos eran falsos y aquello era un tribunal militar y yo era una ciudadana civil. De ese lugar salí con dos años de condena. Todo esto sucedió en el año 1997.

¿La regresan a Manto Negro?

Me devuelven a Manto Negro. A la misma celda y prosigo

en la huelga de hambre. Ya llevaba varios días sin comer y comencé a experimentar los estragos que causa la falta de alimentos. Pero como yo había practicado artes marciales, específicamente yudo, sabía como relajar los músculos y la mente para sacarle al cuerpo las reservas escondidas.

¿Cómo lo hizo?

Proseguí, como al principio, acostada la mayor parte del tiempo, llenando la mente con oraciones y pensamientos positivos en relación a mi decisión. Apenas iba al baño y agua tomaba muy poca.

Algunas veces dormía, o eso pensaba, y era entonces que perdía, transitoriamente, la noción del tiempo y materializaba situaciones ya acaecidas.

¿Tuvo náuseas, mareos, dolor de cabeza? Los síntomas comunes a la falta de alimentos.

Muy poco de esos síntomas. Debilidad corporal sí experimenté y era lógico que así fuese. Pero le repito, mi fe en Dios y preparación mental y física me ayudaron mucho.

Al prolongarse su huelga de hambre, ¿qué postura adoptaron las autoridades carcelarias?

A la celda venían oficiales. Me hablaban de lo injusta que yo era con mi familia y que no quería a mis hijas para nada. También, dos veces al día me visitaban un médico y una enfermera, por lo menos decían que eso eran. Me tomaban la presión arterial, la temperatura y me preguntaban cómo me sentía.

¿Qué respondía usted?

Con el médico y la enfermera hablaba poco. Pero a los oficiales represivos les contestaba con la verdad. Les decía que yo no había hecho nada que atentase contra la ley y la ciudadanía. Que era una opositora pacífica que aspiraba a un cambio político y social en Cuba. Que eran ellos los que violaban las leyes y los derechos humanos de las personas. De todo el pueblo de Cuba.

¿Cómo concluyó la huelga de hambre?

A los veintidós días, a la celda llegaron unos oficiales y me comunicaron que en vista de que yo no quería a nadie, ellos sí eran magnánimos y para demostrar lo justa y humana que era la revolución, por el bien mío, el de mis padres e hijas, me dejaban regresar a la casa, para que cumpliese en libertad condicional el resto de la condena.

Me levanté del camastro como pude. En el presente, pienso que fue Dios quien me suministró la energía necesaria. Acto seguido me llevaron hasta la entrada de la prisión y me dejaron sola. El cuerpo me temblaba y pensaba que de un momento a otro las piernas me fallarían.

Frente a Manto Negro pasa la carretera del Guatao, como ya expliqué. Al rato ví venir una guagua y le hice señas para que parara. Al subir casi me caigo de lo débil que estaba. El chofer se dió cuenta y me aguantó por un brazo. Con un hilo de voz le dije que no tenía dinero para pagar. Entonces, él contestó: "Está bien, tú acabas de salir de ahí", he hizo un gesto despectivo hacia la cárcel.

Como el paradero de esa ruta de guagua estaba cerca de Manto Negro, cuando monté sólo había un pasajero. Era una señora mayor que al ver mi estado físico me ayudó a sentar y me preguntó al oido. "¿Eres Maritza Lugo?" Le respondí afirmativamente y emocionada, con lágrimas en los ojos contestó. "Sé quien eres porque todos los días oigo a Radio Martí. Gracias a Radio Martí el pueblo de Cuba y el mundo saben de tu huelga de hambre y todos te apoyan".

Entonces me sentí el ser humano más feliz del mundo. Supe que en mi cautiverio y huelga de hambre nunca estuve sola. Los cubanos de la Isla, el exilio y muchas personas amantes de la libertad de otros países y otras lenguas, día a día, estuvieron orando por mi salud y derecho a la libertad.

¿Sucedió algo más?

Sucedieron otros acontecimientos desagradables. Por ejemplo, al final me volvieron a detener y tuve que cumplir, tras las rejas, el tiempo que me faltaba.

Pero, en esta entrevista quiero dejar constancia que cuando me declaré en huelga de hambre yo poco sabía del sacrificio y valentía de los hombres y mujeres que, en las primeras décadas del castrismo, llenaron las cárceles de Cuba. Muchos fueron a prolongadas huelgas de hambre y no pocos perecieron en las mismas. Eran otros tiempos y esos hombres y mujeres, cuyas historias conocí al salir al exilio, no contaron con la solidaridad mundial de la que yo disfruté, principalmente, y lo repito gracias a Radio Martí.

Esos héroes y heroínas, algunos de los cuales hoy me honran con su amistad, vivieron y lucharon por la democratización de Cuba en una época en que, recordando el nombre de un conocido documental, podemos afirmar que: "Nadie escuchaba".

Marzo 2006.

LLORÓ DE AMOR

Como es delegado de la huelga de hambre y sed y, entre los represores de las prisiones castristas, su experiencia de largos años de confinamiento político lo identifican de intransigente optan, luego de varios días de mantener la postura, por separarlo del resto de los huelguistas.

Lo llevan a una celda solitaria y oscura de la prisión, que hasta hacía poco había sido para mujeres. El encierro, donde las ratas entienden que todo lo que penetre en sus dominios sórdidos es alimento, lo conmociona por la agresividad de los roedores y por la fetidez desbordante que brota por el orificio, en el piso de cemento rústico, asignado para defecar y recibir, lo que llaman agua potable, que llega al recluso aislado, no todos los días, por minutos contados.

Paulatinamente, las pupilas se acostumbran a las tinieblas y puede rechazar mejor a las ratas grises y hambrientas. El esfuerzo físico, debido a los días de ayuno, le produce una náusea estéril. Un escaso hilo de saliva escapa de los labios agrietados y le mancha la barbilla.

Recuesta la espalda desnuda contra la pared húmeda. Se abandona al cansancio y deja que el cuerpo resbale hasta quedar sentado. Un escalofrío lo sacude y con los brazos intenta cubrirse el torso. Está prácticamente desnudo, sólo viste un raído calzoncillo que en otros tiempos debió ser de color blanco. El estremecimiento se convirte en temblor; recoge las piernas, pega el pecho contra las rodillas y por delante de las piernas enlaza las manos.

Pierde la noción del tiempo y el temor a las ratas.

Pasajes de su infancia y juventud se materializan en la celda. Habla con la madre y rie con el hermano que tomando clases de pilotaje muere trágicamente, en plena juventud. Asiste, como espectador, al abrazo de despedida que el padre le da cuando se dispone a tomar el avión que, junto a otros cubanos, lo llevará a la Isla para iniciar la lucha contra el régimen castrista. En traslación incorpórea devora los años de presidio político y se le enciman en *collage* los rostros de múltiples carceleros crueles.

Se contempla recorriendo las calles de su nativa ciudad de Santa Clara. El burro Perico transita alrededor del parque Leoncio Vidal y él juega pelota en el Plan de Cardoso: "¡ Te ponché!", le grita Agustín *boca 'e perro*. "¡Tú no tienes con qué poncharme!", responde airado. Lanza el bate y ambos amigos se enfrascan en una pelea a puñetazos... La sed le vuelve... "¡Qué fríos y ricos son los refrescos *Cuquito* que tomó en la bodega del gallego Fraguela!", delira y su imaginación saborea la bebida gaseosa de color oscuro.

Paulatinamente la relidad se impone. Abre los ojos y con la mirada recorre el espacio. A pesar de las tinieblas, en la pared del fondo, distingue una cruz empotrada. Casi a rastras se aproxima. Fuerza la vista; las pupilas se dilatan y bajo el símbolo cristiano lee y cuenta diecinueve nombres de mujeres, presas políticas cubanas, que anteriormente estuvieron confinadas en la celda.

Al final de la lectura alza los ojos y, encima de la cruz, como un grito de desesperación, en caracteres mayúsculos topa con una pregunta: "*¿Y DIOS EXISTE?*"

El sentimiento lo ahoga y prorrumpe en sollozos. Llora por Cuba, llora por la mujer cubana que sufre y llora... llora porque por un instante dudó de la existencia de Dios.

ROBERTO MARTÍN PÉREZ RODRÍGUEZ

Cuenta que cumplió veintiocho años de prisión política en los calabozos y galeras del régimen castrista. Una parte importante de su juventud transcurrió tras las rejas; lejos de su famila y afectos. Sin embargo, vive orgulloso de su historial como preso político cubano, ya que siempre mantuvo una fuerte postura de rebeldía y confrontación contra las autoridades penitenciarias castro-comunistas.

También se distinguió por buscar la concordia y unidad dentro de los diferentes grupos y organizaciones que integraban el presidio político: "Ahora el enemigo es Fidel Castro y sus secuaces. En el futuro, en una Cuba democrática y sin exclusiones, todos podremos suscribir la tesis que creamos correcta", más de una vez manifestó, para apaciguar diferencias de índole patrióticas.

Roberto Martín Pérez nació en Santa Clara, capital de la antigua provincia de Las Villas. Nada le es más grato que recordar los días de infancia y adolescencia, cuando en compañía de amigos y compañeros de escuela jugaba béisbol, bailaba trompos, empinaba papalotes y se bañaba en la poceta del río Ochoa. Asimismo, asegura haber perdido la cuenta de las veces que escaló las lomas Capiro y Gobernadora.

Los crueles años de prisión política y el ejemplo de Lutgardo, su padre, ya fallecido, han convencido a Roberto que la tierra siempre está, pero que sin la familia, la amistad y la honestidad es imposible conformar el bienestar y el progreso de la patria.

*J. A. **Albertini**: ¿ Durante sus veintiocho años de presidio político en cuántas huelgas de hambre participó?*

Roberto Martín Pérez: Fueron ocho, tal vez diez. A veces la memoria falla.

¿Cuál es la que más recuerda?

La de sed y hambre que efectuamos en la cárcel de Güanajay. Allí se puso muy mal Gabino Ulacia; le deciamos el Negro Ulacia. Él fue un hombre íntegro que pasaba de los sesenta años. Era un convencido militante del Partido Auténtico. Tiempo después, supe que murió en una prisión de Matanzas.También, en una anterior, que realizamos en el Castillo del Príncipe, cuando nos trajeron del presidio de Isla de Pinos, para despojarnos de nuestros uniformes de presos políticos e imponernos el traje azul, tuvimos dos muertes. Las de Francisco Aguirre Vidaurreta, el Viejo, como le llamabamos, y la de Luis Alvarez Ríos, a quien apodabamos el Pavo.

Si en el Castillo del Príncipe hubo dos muertes ¿Por qué la huelga de Güanajay, donde no ocurrió este tipo de desgracia, le causó mayor impresión que la del Príncipe?

Ya llegaremos a ese punto. Pero primero debo informarte de ciertos detalles.

La prisión de Güanajay fue construída alrededor del año 1948, para albergar mujeres condenadas por delitos comunes, durante el gobierno del presidente Carlos Prío. La cárcel fue concebida y fabricada con todos los requerimientos habitacionales que un reclusorio de mujeres necesita para el bienestar y verdadera reeducación social del sancionado. Además, está situada en un lugar, cercano al poblado de Güanajay, donde el clima es favorable y el suministro de agua potable, por entonces, no escaseaba.

Allí, en el año 1968, fuimos llevados un numeroso grupo de presos políticos que el régimen consideraba conflictivos. Nosotros no aceptabamos el cambio de uniforme y mucho menos lo que ellos llamaban plan de reeducación.

¿Ya no había mujeres en la prisión?

Con anterioridad las habían trasladado para diferentes prisiones en distintas provincias. Güanajay, para la luchadora, para la mujer cubana, significa y significará lo que para nosotros, los hombres, fue y será el presidio político cubano de Isla de Pinos bajo el sistema castrista. Un lugar de maltratos, torturas y muertes.

¿Qué sucedió, qué realidad encontraron ustedes en Güanajay?

A nuestra llegada nos sometieron a requisas y maltratos en los que participaban los reclusos comunes del penal. Porque, para doblegarnos; obligarnos a aceptar el uniforme azul y el plan de reeducación, habían traído delincuentes y asesinos consumados que eran los encargados, entre otras cosas, de repartir los escasos y pésimos alimentos. En una golpiza, dirigida por la guarnición, los comunes le partieron una mano a Ricardo Cruz Font.

¿Cuál fue la reacción de ustedes?

Empezamos por pedir que la comida fuese distribuída por nosotros mismos y alegamos que los presos comunes, como era cierto, se apropiaban de buena parte de los alimentos. También exigimos que los delincuentes dejasen de hacer parte de las tareas propias de los carceleros.

¿Qué respondió la dirección del penal?

Nada. No hicieron caso. Entonces decretamos una huelga de sed y hambre.

¿Cuántos presos políticos fueron a esa huelga?

Fuimos todos. Eramos alrededor de ciento y tantos hombres.

¿Qué medidas tomó la guarnición?

Los primeros días los comunes continuaron trayendo la comida, como si nada pasara, pero nosotros la rechazábamos. Tampoco, ingeríamos agua. Para ablandarnos, en varias oportunidades, nos golpearon, pero cuando vieron que la cosa iba en serio, decidieron aislar a los delegados.

¿Quiénes eran los delegados?

Eramos cuatro. Lito Riaño... ¡Caramba!, en este momento no hay manera de recordar todos los nombres. ¡Tengo sus caras frente a mis ojos...! Bueno, y yo.

¿Cómo los aislaron del resto?

Nos colocaron en celdas de castigo y sin comunicación posible con el resto de los huelguistas. A mí me tocó una que estaba diseñada para albergar a tres personas. Por cierto, nunca estuve solo, había ratas, muchas ratas.

¿ Tenía la celda algún tipo de cama y cobijas?

Absolutamente nada. Sólo el piso duro y frío.

¿Cuántos días estuvo allí?

En la celda estuve siete y en total fueron doce días de huelga.

¿Qué cambios experimenta la mente y el cuerpo cuándo pasan tantos días sin ingerir alimentos ni tomar agua?

Los primeros días, entre otros síntomas, sufres náuseas, dolor de cabeza, mal aliento y la boca se te reseca. Piensas mucho y a medida que la situación se prolonga, por ratos pierdes la noción del tiempo real y puedes llegar a evocar toda tu vida anterior con, yo diría, claridad mágica.

Pero, quiero aclarar algo, no es lo mismo que te priven de agua y alimentos contra tus deseos que cuando tú, voluntariamente, movido por un ideal, una causa y el convencimiento de que la razón te asiste, lo haces.

Esa postura te hace fuerte y cuanto más se debilita y sufre tu cuerpo, más se fortalece tu determinación y espíritu de lucha.

Y, aunque parezca un poco irreal, te aseguro que nosotros, con todas la huelgas de hambre que se efectuaron en presidio, así como junto a los hermanos que perdieron sus vidas en algunas de ellas, siempre representamos un muro de lucha activa contra los carceleros. Ellos, hombres carentes de ideales y envilecidos por la labor sucia represiva que les había asignado el régimen castro-comunista, llegaban a sentirse inferiores frente a nosostros, a pesar de las golpizas y los insultos que sistemáticamente nos propinaban.

Debo insistir...

No, no se me ha olvidado una de tus preguntas iniciales, y ahora te la contesto.

En la huelga de Güanajay, para lograr que se respetasen algunos derechos elementales, como ya conté, estábamos dispuestos a llegar a las máximas consecuencias. Y eso para mí y demás compañeros formaba parte del objetivo planeado. Por lo tanto, la huelga de Güanajay no era diferente a otras, en objetivos y propósitos.

Pero durante mi confinamiento en la celda de castigo sucedió algo que nunca he olvidado y día a día recuerdo porque me sirve de fuente de inspiración y fortaleza.

En una oportunidad; no guardo memoria de cuántos días de aislamiento llevaba, ni sé si era de mañana, mediodía o tarde. Lo que recuerdo es que, mis ojos ya estaban adaptados a la oscuridad, en la pared del fondo de la celda distinguí una cruz empotrada.

¿Pintada o empotrada?

Nada de pintada, empotrada. Era una cruz que alguien introdujo en aquel lugar y valiéndose, no sé de que medios, tal vez una cuchara, luego de una labor paciente, logró agrietar la pared de concreto y producir una hendidura en la cual colocó y aseguró la cruz.

Cuando, casi a rastras me aproximé, bajo la cruz, ví varios nombres de mujeres. En total eran diecinueve nombres de presas políticas. Diecinueve hermanas nuestras, quienes juntas, al mismo tiempo estuvieron encerradas en aquella celda.

Aquel calabozo, como ya dije, fue construído para albergar un máximo de tres personas. Y allí fueron encerradas, quién sabe por cuánto tiempo, diecinueve luchadoras cubanas, carentes de todo tipo de higiene. Ya te expliqué, las condiciones sanitarias del lugar eran nulas.

Entonces, alcé la mirada y encima de la cruz, en letras mayúsculas, había una pregunta sin respuesta. *"¿Y DIOS EXISTE?"* Y entonces me derrumbé y lloré. Lloré como no recuerdo haberlo hecho desde entonces.

¿Lloró por el confinamiento de aquellas mujeres cubanas en tan pésimas condiciones?

Por eso, pero principalmente porque frente a tantas injusticias y atropellos, por un momento, fue sólo un momento, dudé de la existencia de Dios.

¿Cómo terminó la huelga de hambre?

Al ponerse Ulacia al borde de la muerte, y comprender las autoridades carcelarias que estábamos decididos a todo, accedieron a nuestras peticiones.

¿Recuerda los nombres de los huelguistas?

Imposible recordarlos a todos. A la mente, ahora me vienen Miguel Aceituno, el propio Negro Ulacia, Angel Pardo Mazorra, Ricardo Cruz Font, Adolfo Rivero Caro...

¡Tantos y tantos rostros, tantos y tantos hermanos de lucha, tantos y tantos afectos!, que el nombre es lo de menos. Ellos están en mí; están y estarán en en mi corazón, hasta el último latido.

Enero 2006.

Prisión Agüica, en la provincia de Matanzas

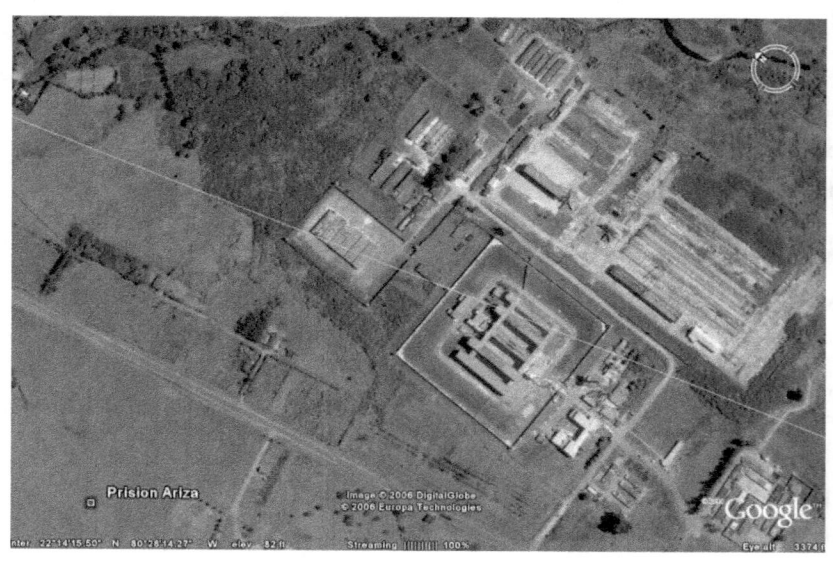

Prisión Ariza, en lCienfuegos

ES MAESTRO

Lleva semanas, tal vez meses, en huelga de hambre. Contó, junto a sus compañeros de la galera veintitrés, hasta treinta días mientras permaneció en la Fortaleza de la Cabaña, pero al ser trasladado para la sede de la Seguridad del Estado, (G-2) entre las calles 5ta y 14, de la habanera barriada de Miramar, perdió la cuenta.

Está aislado. Yace acostado y atado a una estrecha cama, dentro de una celda, precariamente habilitada como enfermería. A su brazo derecho, por medio de una aguja, un suero se conecta. Por los orificios de las fosas nasales le han introducido sondas plásticas para pasarle, con una jeringa, alimentación líquida.

Ha despertado de un estupor soñoliento con la sensación de que acaba de recorrer jirones importantes de su vida anterior.

Estudió magisterio, porque al igual que su señora madre lleva en la sangre la vocación de la enseñanza. Además, al conocer, de adolescente, el aporte educacional y patriótico que a la Isla dieron cubanos de la talla de Félix Varela, José de la Luz y Caballero, Rafael María de Mendive y José Julián Martí y Pérez, supo que en la educación radica la felicidad, concordia y desarrollo armónico de un pueblo, una nación.

También aprendió que las contiendas independentistas fueron largas, crueles y sanguinarias, pero que el espíritu civilista, a pesar de "la guerra justa y necesaria", se impuso entre los libertadores que inauguraron la República el 20 de Mayo de 1902, cuando el Generalísimo Máximo Gómez, izó en el Castillo del Morro la bandera de la estrella solitaria y Don

Tómas Estrada Palma se convirtió en el primer Presidente Constitucional.

A pesar de que la República joven tuvo tropiezos y enfrentó a la dictadura del general Gerardo Machado y Morales, se avanzaba en el camino de la democracia.

Ya en posesión de su diploma de educador, se va, como maestro rural, a los campos de su nativa provincia de Oriente, para hacer realidad la máxima del apóstol: "Ser cultos para ser libres".

Enseña al campesinado y junto a ellos aprende a cultivar la tierra, al mismo tiempo que se involucra en actividades sindicales y políticas.

Una segunda interrupción del proceso constitucional, lo sorprende en medio de su labor educacional. Exaltado por la mala noticia le explica a los jóvenes alumnos lo que significa violar, arbitrariamente, la Constitución de 1940.

Señalado como opositor activo por los cuerpos represivos del régimen de fuerza, pone a buen recaudo lápices y libros. Luego se sumerge en la clandestinidad y hace suyo otro pensamiento de José Martí: "Hacer en cada momento lo que en cada momento se deba hacer".

Empuña las armas y convertido en soldado colabora al derrocamiento de la tiranía.

Sin embargo, un falso compañero de ideales y lucha traiciona el retorno a la constitucionalidad y se erige, secundado por un grupo de oportunistas y cobardes, en "Máximo Líder".

En la celda, en su honrada huelga de hambre, está solo y débil. No obstante, los oficiales y carceleros del G-2 le temen, porque él, y no ellos, forma parte de la historia. Ellos, los represores, conocen perfectamente que al reclamar democracia para Cuba fue detenido y enjuiciado, con el propósito de condenarlo a muerte, para así acallar la denuncia, que desde entonces no ha dejado de resonar en la historia reciente de Cuba. Otra cosa no podía hacer. Tenía que decir la verdad, aunque esa verdad le costase la vida. Por eso, cuando el verdadero desleal, apoyado por un tribunal de acólitos, destacando sus mejores dotes histriónicos y pensando que estaba quebrado, lo señala y espeta: "¡Traidor!", él se incorpora de su asiento de reo. Levanta la diestra y responde con la furia de la verdad: "¡Traidor eres tú!". Realmente no lo hizo sólo por valentía. También lo hizo porque es educador. Es maestro, y los maestros nunca pueden dar el ejemplo de la mentira.

Kilo 5, en Pinar del Río

Kilo 7, en Camagüey

HUBER MATOS BENÍTEZ

Sus ojos se abren a la luz de la vida en el poblado de Yara, provincia de Oriente, municipio de Manzanillo, donde estalló en 1868 la primera Guerra de Independencia de Cuba. La contienda de los diez años, encabezada por Carlos Manuel de Céspedes.

Desde pequeño, con las primeras letras, se aficionó a la lectura, preferentemente las históricas. De la mano de ellas se inmiscuyó en el Camagüey insurgente de Ignacio Agramonte. Asistió a los desvelos de José Martí, al desembarco de Playitas y a la gesta de la invasión, efectuada por el Generalísimo Máximo Gómez y su Lugarteniente General Antonio Maceo.

Ya joven, radicado en Manzanillo y siguiedo su vocación, se traslada a Santiago de Cuba. En la Escuela Normal de esa ciudad capital se hace maestro. Más tarde, doctor en pedagogía en la Universidad de La Habana. El joven Huber sabe que la cultura es primordial para que un conglomerado humano, una nación, un país, logre el desarrollo armónico y constitucional que delineó José Martí cuando dijo: "Con todos y para el bien de todos".

Es maestro rural. Se destaca en el gremio de educadores y se afilia, años después de la caída de la dictadura del general Gerardo Machado, y de la proclamación de la Constitución de 1940, al Partido Revolucionario Cubano (Auténtico).

Sin embargo, disgustado con ciertas posturas administrativas y políticas de los Auténticos se suma al Partido del Pueblo Cubano (Ortodoxo).

Siendo dirigente del sindicato de maestros, y militante del Partido Ortodoxo, lo sorprende el Golpe de Estado del diez de marzo de 1952.

Huber Matos Benítez, agotados los medios democráticos para enfrentar al gobierno de fuerza del general Batista, toma el camino de la insurreción. Primero urbana y luego, después de una etapa de exilio, guerrillera.

Convertido en dirigente militar y político de ese proyecto, de rescate revolucionario, pone su mayor empeño en realizarlo, hasta que traicionado por Fidel Castro Ruz termina en las mazmorras de la naciente tiranía para, desde allí, paradójicamente, convertirse en el azote viviente del proyecto totalitario y personal del mal autotitulado "Comandante en Jefe".

J. A. Albertini: Usted es uno de los presos políticos cubanos más renombrados. A nivel internacional se conoce la trayectoria pública de Huber Matos. Los años que ha dedicado a luchar por sus ideales y contra la tiranía de Fidel Castro. En su autobiografría, "Cómo llegó la noche", el lector interesado puede conocer aun más. Sin embargo, como le manifesté anteriormente, es importante que usted aparezca en este libro. Así que comienzo con la pregunta imprescindible, la que le he formulado a todos los entrevistados.

¿Cuál es la huelga de hambre, de las que participó, que más recuerda?

Huber Matos: Participé en varias huelgas de hambre, pero fueron dos las que más recuerdo. En una, según me contó mi amigo y compañero Tony Lamas, estuve prácticamente muerto. Pero no te hablaré de ésa. Te contaré de la que efectué en compañía de Lauro Blanco y Nerín Sánchez.

¿Qué lo motivó para ir a esa huelga de hambre?

Eran los primeros meses del año 1968 y estaba encerrado, en compañía de veinticinco o treinta hermanos, en la galera veintitrés de La Cabaña. Las condiciones, incluyendo la alimentación, eran pésimas. Permanecíamos en calzoncillos, no teníamos visitas ni correspondencia y el trato que la guarnición del penal nos dispensaba era digno de bestias. Para colmo, dentro de la galera se colaba el humo de una cocina cercana y eso nos producía tos, sofocación y falta de aire.

A raíz de esas condiciones, le propuse a varios compañeros decretar una huelga de hambre, pero las opiniones estaban divididas. Algunos, con lógica, decían que estábamos desnutridos; que moriríamos rápidamente, y que en consecuencia eso era lo que los castristas querían.

Luego de mucho meditar decidí ir solo a la huelga.

¿Qué pasos siguió?

Le informé a los demás de la determinación que había tomado y les dije que no se sintiesen presionados por mi postura. Yo, también, comprendía la de ellos.

¿Y empezó la huelga?

Primero, con fecha primero de marzo del año 1968, le dirigí una carta al director del penal y al jefe de los establecimientos penitenciarios. En esa carta, que por cierto está en mi libro **"Cómo llegó la noche"**, les decía los motivos que me animaban para adoptar esa postura. En resumen, me trataban con la dignidad que merece todo ser humano o estaba dispuesto a morir en el empeño de hacer valer mis derechos básicos.

Antes de entregarle la carta a uno de los carceleros, Emilio Rivero Caro la leyó en voz alta dentro de la galera.

A punto de comenzar la huelga escribí en la pared, sobre mi

jergón: *"La muerte es victoria cuando los rígidos despojos son afirmación del ideal y el honor".*

Empecé la huelga de hambre y únicamente tomaba agua. Los amigos, de forma respetuosa, insistían para que depusiera la actitud. Era invierno y esa estación del año no es propicia para dejar de ingerir alimentos.

Me empeciné, porque estaba convencido de mis propósitos. Entonces, Lauro Blanco y Nerín Sánchez hablan conmigo y me dicen que ellos se suman a la huelga.

Les respondo que agradezco la solidaridad, pero que mi huelga es solitaria. Ellos contestan que están decididos y que desde ese mismo momento se declaran en huelga de hambre, pero les pido que no se solidaricen conmigo. Que la de ellos sea separada de la mía, porque yo estoy dispuesto a morir y si uno de ellos muere, antes que yo, los castro-comunistas me acusarían de ser una especie de capitán araña.

Nerín y Lauro, por convicción e iniciativa propia, van a la huelga.

Ya usted, en huelga de hambre, negado a comer: ¿Cómo se desatan los aconteciminentos?

A los pocos días, sintiendo en mi cuerpo los estragos del ayuno, entra en la galera un médico, del G-2, de apellido Llopis, y despreciativo me pregunta por qué motivos estoy en huelga de hambre. No le respondo inmediatamente, pero como insiste le digo que la contesta la puede encontrar en la carta que le dirigí a las autoridades penitenciarias. A Nerín y a Lauro, en esa ocasión, no les dirigió la palabra.

Molesto abandona la galera. Los compañeros, que no están en la huelga, piensan que van a brindarnos atención médica. Pero eso no sucede.

Al rato vienen algunos carceleros, acompañados por oficiales del G-2 y se llevan a varios de los confinados en la galera veintitrés. Se comenta, entre nosotros, que van para la prisión de Güanajay, y eso es esperanzador, porque de esa manera se conocerá de nuestra huelga en otras cárceles.

¿Y luego que pasó?

Alrededor del once de marzo, entra a la galera un grupo de oficiales del G-2. Vuelven con las mismas preguntas y esta vez no contesto. Tampoco Lauro y Nerín. La actitud de estos esbirros es despreciativa y altanera. Entonces, entre varios de ellos toman la colchoneta en que yazco y me llevan para otra galera. Allí, me tiran al piso. Por cierto, al caer recibí un fuerte golpe en la cabeza.

Nerín y Lauro, llegan caminando, pero están tan débiles que se dejan caer al suelo. No tenemos más prendas de vestir que nuestros mugrosos calzoncillos. Hace mucho frío. Estamos solos, pero disponemos de la compañía, no humana, de insectos y ratas que corretean de un lado a otro. Mi condición física es tan depauperada que soy indiferente al contacto con insectos y roedores.

El estado nuestro se agrava. Tal vez estamos próximos al mes de ayuno cuando, una noche –ellos siempre prefieren la noche– penetran en la galera un grupo de militares. Por cierto, esta galera era la Veintitrés-B.

Como la vez anterior, son oficles del G-2. Me conminan, groseramente, a ponerme de pie. No les respondo y llueven los insultos. Vuelven a cargar con la colchoneta y yo en ella.

Me sacan de La Cabaña y me tiran en el piso posterior de un carro patrullero del G-2.

¿Lo llevaban para la sede del G-2?

Así fue. El viaje terminó en 5ta y 14, uno de los lugares de tortura más tenebrosos con que cuenta Cuba y, ¿por qué no?, América y buena parte del mundo.

Allí me encerraron en una celda, solitaria. Al rato vino un oficial y trató de ser amable. Le pregunté por Lauro y Nerín. Responde que ambos murieron, pero no le creo.

Me siento desfallecer, tengo alucinaciones y comienzo a orinar un líquido parecido a las borras del café. Es entonces que me trasladan para una celda, habilitada como enfermería. Me atan a la cama, para evitar mi rechazo físico al método, y comienzan a alimentarme vía intravenosa. También me introducen unas sondas, muy duras, por las fosas nasales, que me provocan dolor y sangramiento. Más adelante, con una jeringa hacen que a mi estómago llegue una especie de caldo caliente.

Una de las veces, a consecuencia de los sueros y el caldo, estuve a punto de morir. Un enfermero militar, de apellido Oliver, me dijo que se me había dado mucha proteína, de un solo golpe, y que eso casi me cuesta la vida.

Llegó un momento que ya nada me importaba. Me orinaba encima del camastro estrecho y ejecutaba cualquier otra necesidad.

Los esbirros venían frecuentemente, se burlaban y me aplicaban torturas psicológicas. Yo permanecía callado, pues sabía que con la dignidad de mi postura los estaba derrotando.

¿Acaso el poder no era de ellos?

Por supuesto, el poder y la fuerza bruta, pero no la razón. He hablado con muchas personas, no cubanas, desde mi salida de las prisiones castristas. Me preguntan, invariablemente, qué objetivo tiene una huelga de hambre que no es publicitada, ya que la censura férrea del régimen, por aquellos años, impedía que muchas situaciones de abusos y atropellos se conociesen en el exterior, o más allá de los muros de las cárceles. Mi respuesta siempre ha sido la misma. Nuestras huelgas de hambre fueron por una necesidad y reclamo. Quisimos, y lo logramos en múltiples ocasiones, hacerle ver a las autoridades carcelarias y a los esbirros gubernamentales, empezando por el propio Fidel Castro Ruz, que la postura de un solo hombre digno puede resultar demoledora frente a la ignominia que se apropia de los destinos de una nación; un pueblo.

El cubano opositor, beligerante o pacífico, a lo largo de todas estas décadas que Castro lleva tiranizando a Cuba, ha empleado el recurso de la huelga de hambre, a veces ofrendando la vida propia, como un instrumento eficaz de lucha.

Algunos llamados cubanólogos, para minimisarnos, alegan que el cubano tiene vocación política suicida. Eso no es cierto. Simplemente estamos bien conscientes de la herencia de los hombres y mujeres que fundaron la república. Esa herencia, ese legado, hay que defenderlo frente a quienes pretenden destruir nuestra historia. En esa defensa la huelga de hambre, así como el pensamiento o las armas, es una onda guerrera más

*Aunque en su libro, "**Como llegó la noche**", el relato de esta huelga de hambre esta ampliamente explicado, en sus más mínimos detalles, me interesa conocer, para este trabajo, ¿cuándo y cómo finalizó la protesta?*

A los ciento y tantos días. Fíjate que la empezamos un primero de marzo y la concluimos un día trece de agosto de 1968. Claro, como he contado, durante buen parte del tiempo nos alimentaron a la fuerza.

Bueno, un buen día, por un recorte del periódico oficialista Granma, que misteriosamente apareció en la celda, me entero, y el enfermero Oliver me lo confirmó, que Ramiro Váldes había sido sustituido, como Ministro del Interior, por Sergio del Valle.

Entonces supe que habíamos ganado la huelga. Así mismo fue. A los pocos días Sergio del Valle, nuevo Ministro del Interior, visitó mi celda, acompañado por una comitiva de altos oficiales.

Se sitúa a los pies de la cama y sin proferir palabra alguna, me estuvo observando.

¿Usted lo conocía de antes?

Lo conocía de la lucha contra la dictadura de Batista. Fuimos amigos. Pero esta vez ni él me habló, ni yo le hablé.

Luego me reúnen con Nerín y Lauro. En ese encuentro acordamos que para que depusiéramos la huelga tenían que acceder a todas nuestras demandas.

¿Accedieron…?

Para hacer el cuento corto te diré que sí. Incluso permitieron que nos visitasen nuestros familares más allegados.

También quiero añadir que los castristas no respetan ningún acuerdo. Esa vez ganamos, pero no pasó mucho tiempo para que las condiciones nuevamente empeoraran. Así son ellos.

Febrero 2006.

SE ALIMENTÓ DEL ESPÍRITU

El médico militar lo reconoce. Incrédulo mira al director del penal y dice:

"Este hombre habrá bajado treinta y dos libras y media de peso, pero no presenta los síntomas característicos de una prolongada huelga de hambre". El facultativo sacude la cabeza y termina afirmando: "De alguna manera tiene que haber ingerido alimentos".

El director de la prisión enrojece de cólera y responde: "Doctor, le aseguro que el recluso lleva más de veinte días sin probar bocado o ingerir alimentos líquidos. Unicamente toma agua. Como puede ver, el régimen de aislamiento es total". "Así y todo es díficil de creer... la ciencia no miente", el galeno persiste y elude la mirada del otro.

El funcionario penintenciario no soporta el cuestionamiento y estalla: "¡Carajo!, soy un oficial del Ministerio del Interior y miembro del Partido Comunista de Cuba y digo y repito que este hombre no ha probado bocado. "¿Me cree o no me cree...?"

"Por supuesto, por supuesto", conciliador responde el médico y abandona la celda.

El oficial queda solo con el prisionero. Afuera esperan dos custodios.

"Eres duro, muy duro, Amado Rodríguez. Si por mí fuese hace mucho te hubiese fusilado", exclama lentamente, con furia contenida. Retrocede y ordena que cierren la reja cubierta con una sólida plancha de acero.

El prisionero parpadea. Las pupilas se acomodan a la

penumbra y piensa. Piensa en su niñez y adolescencia en su nativa ciudad de Santiago de Cuba. Sus años de estudiante en el Colegio Dolores, antiguo Colegio Jesuíta. Allí cursa la enseñanza primaria y parte del bachillerato. En tan prestigioso centro de estudios se le despierta la vocación por la profesión médica. Quiere ser doctor y practicar la medicina social. Asimismo, animado por el ejemplo de algunos servidores de Dios, evalúa la posibilidad de estudiar para sacerdote y combinar medicina y sacerdocio en beneficio de los más necesitados. Sin embargo, son tiempos difíciles. El gobierno golpista del general Fulgencio Batista enfrenta una fuerte oposición ciudadana que desemboca en enfrentamientos armados. En noviembre de 1956, el joven revolucionario Pepito Tey, vecino de él, a quien todos querían y admiraban en el barrio La Placita, muere en un encuentro armado con la fuerza pública. Posteriormente, Frank País, a quien también conoció, perece en circunstancias similares a las de Pepito Tey.

Estas dos muertes trágicas lo llevan a concluir que sirviendo a la patria y a la sociedad también se sana y se le sirve a Dios.

Imbuido de estas ideas, que hasta el presente persisten, comienza sus actividades contra el gobierno producto del Golpe de Estado del diez de marzo de 1952.

Sus actividades llegan al conocimiento familar. Sus padres, preocupados por la vida del hijo único en el año 1958, contando Amado quince años de edad, lo envían al exilio en Estados Unidos. No obstante, el joven revolucionario, asentado en la ciudad de Miami, se suma al Movimiento 26 de Julio y se apresta a partir en una expedición armada hacia Cuba.

El primero de enero de 1959 la tiranía es derrocada y Amado Rodríguez vuelve a Santiago de Cuba y se reintegra a los estudios.

Pronto, junto a otros cubanos, descubre que las promesas de libertad plena, elecciones libres y restitución de la Constitución de 1940, no es más que una mentira que esgrimió Fidel Castro Ruz para someter al pueblo de Cuba a una tiranía comunista de corte personalista.

En el año 1960, con el ímpetu de la adolescencia brotándole de la mirada, vuelve a la lucha. En 1961 es detectado por la policía represiva del régimen y detenido en compañía de otros involucrados.

Luego de varios meses de interrogatorios crueles es sentenciado a treinta años, pero el recuerdo de los campañeros asesinados, o caídos frente a un pelotón de fusilamiento, como fue el caso del entrañable amigo Algy Eugenio Font Reyes, lo comprometen aun más con la causa de la libertad plena de Cuba.

En 1979, luego de dieciocho años de inhumana prisión política, es amnistiado con la condición tácita de que abandone la Isla. Se niega a marchar al exilio y pronto retoma el camino de la confrontación. En compañía de un reducido grupo de amantes de la libertad funda el Movimiento Integral Cubano y el periódico clandestino *"Somos"*.

Transcurrido unos cuatro años de actividad subrepticia, la vigilancia policial y las delaciones logran que Amado y sus colaboradores más allegados sean descubiertos y encarcelados. Amado, después de ser sometido a tres juicios arbitrarios, es condenado a quince años de prisión. Sentencia a la que se le suman los años que le restan por cumplir de la condena primera.

Ahora es febrero del año 1989. El médico y el director del penal acaban de abandonar la celda aislada donde Amado Rodríguez permanece en huelga de hambre. Una prolongada huelga de hambre que le ha hecho enflaquecer drásticamente, pero que para asombro de las autoridades no ha mermado, significativamente, sus capacidades motoras e intelectuales.

Al recordar que en total ha purgado veintitrés años de injusta condena política, sonríe y reconoce que los mejores tiempos de su juventud han transcurrido entre la zozobra de la lucha clandestina y el encierro de la tiranía.

Sin embargo, no se acongoja. Distiende la sonrisa y se reconforta porque sabe que su conducta lo coloca en el camino de los verdaderos forjadores de la nacionalidad cubana. ¿O es que acaso hoy no es más nítido el tañido de la campana del ingenio La Demajagua?

AMADO JESÚS RODRÍGUEZ FERNÁNDEZ

Nació un tres de enero de 1943 en la ciudad de Santiago de Cuba, provincia de Oriente, Cuba. Siendo hijo único sus padres volcaron en Amado amor y buenos ejemplos que se complementaron con la enseñanza escolar primaria, secundaria y de segunda enseñanza en el santiaguero Instituto Cuqui Bosch. Gracias a la honestidad aprendida en el hogar, Amado Rodríguez, desde muy joven se involucra en las luchas contra las tiranías. Primero la del general Fulgencio Batista, que le cuesta su primer exilio en los Estados Unidos y, posteriormente, la comunista de Fidel Castro Ruz.

Su lucha frontal contra el régimen castrista lo conduce a las actividades riesgosas del clandestinaje dentro del Movimiento de Recuperación Revolucionaria (M.R.P.). Perseguido por la policía represiva del gobierno de fuerza, es detenido y sometido a interrogatorios violatorios de todos los artículos contenidos en la Declaración Universal de los Derechos Humanos. Meses después es enjuiciado. Para Amado, joven de diecinueve años recién cumplidos, el fiscal pide la pena de muerte, pero a la postre la petición resulta conmutada por una sentencia de treinta años de encierro. Sin embargo, Algy Eugenio Font Reyes, natural de Baracoa, sargento del Ejército Rebelde y de veintiséis años de edad, es fusilado. Otro, Joaquín Reyes, pudo eludir la persecución y llegar a los Estados Unidos.

El asesinato de Algy, amigo y camarada de ideales, golpean los sentimientos de Amado, pero a la vez lo aceran en la determinación de luchar sin descanso, hasta lograr que Cuba obtenga la libertad de los castro-comunistas.

En el año 1979, gracias a un acuerdo entre el gobierno de los Estados Unidos y la tiranía castrista, un apreciable número de presos políticos resultan amnistiados, con el compromiso tácito de que abandonen la Isla. No obstante, Amado Rodríguez se niega y pronto vuelve a las actividades conspirativas. En 1984, dirigiendo al grupo opositor Movimiento Integral Cubano es encarcelado y juzgado en compañia de Victor Bresler Villasana y Gilberto Castillo. Esta vez se le impone una pena de quince años de reclusión.

Luego de un lustro de confinamiento, maltratos y huelgas de hambre, gracias a la gestión de organismos internacionales de derechos humanos, junto a las denuncias de ex compañeros de cautiverio como Jorge Valls Arango, Amado, en marzo de 1989, es liberado y expulsado de Cuba. En total había cumplido un poco más de veintitrés años de condena injusta.

En el presente Amado Rodríguez, sin deponer la combatividad, permanece en su segundo exilio en la ciudad de Miami. Hoy en día es un hombre maduro de hablar pausado, sólidas convicciones cristianas, sonrisas escasas y mirada recta que se ilumina al evocar a Cuba. Su ciudad natal, Santiago de Cuba, o cuando habla de su señor padre, José Rodríguez Trueba, que con noventa y cinco años de edad, en el momento en que escribo estas líneas, acompaña a Amado en el exilio; se mantiene alerta y al tanto de todo lo que atañe a Cuba.

Al contemplar a padre e hijo se me ocurre el viejo dicho, refrán o sentencia castellana: "De raza le viene al galgo".

J. A. Albertini: *A lo largo de su prolongado cautiverio estuvo en varias prisiones. ¿Cuáles fueron?*

Amado Rodríguez: El reclusorio de Boniato en Santiago de Cuba, el Presidio Modelo de Isla de Pinos, La Cabaña,

Combinado del Este y Güanajay. En algunas de ellas estuve más de una vez, bajo régimen cerrado o de aislamiento.

Durante sus años de presidio, ¿en cuántas huelgas de hambre participó?

En varias. No olvides que cumplí más de veinte años de cárcel. Aunque el tanguista argentino Carlos Gardel cantó algo así como: "que veinte años no son nada".

Veo que, aunque ríe poco, no ha perdido el sentido del humor.

El humor no tiene nada que ver con la risa. Guillermo Álvarez Guedes, uno de nuestro mejores humoristas, es un hombre serio.

Yendo al meollo de esta conversación. Una pregunta que invariablemente los lectores están encontrando a lo largo de todas y cada una de estas entrevistas.
¿De todas ellas, cuál fue la huelga de hambre que más recuerda?

La que sostuve durante veintinueve días. La comencé el primero de diciembre de 1988, en la prisión Combinado del Este. Yo estaba en régimen especial.

¿Qué significa ese término?

Régimen especial significa que estaba en una celda de castigo, aislado y en calzoncillos.

¿Y desde cuándo estaba en régimen especial?

Desde que fui condenado por segunda vez. O sea desde el año 1984.

¡Tanto tiempo!

Así fue. Y sucedió porque ellos, las autoridades represivas, desde mi primera puesta en libertad en el año 1979, cuando pretendieron que abandonase Cuba, nunca se cansaron de decirme que yo era un tipo al que le gustaba "joder la pita". En una ocasión, antes de 1984, me detuvieron arbitrariamente. Durante tres días me recluyeron en Versalles, que es el cuartel principal del G-2 en Santiago de Cuba. En una sesión de interrogatorios, que ellos llamaban conversaciones, un alto oficial que había venido, según él, desde La Habana, me dijo textualmente: "Sabemos perfectamente que tú no has salido derrotado de presidio. Si te has quedado en Cuba es porque estás planeando o haciendo algo contra la revolución. Estás vigilado y a la larga vas a pagarnos todas las que nos debes. Tú mereces ser fusilado".

Ésa, entre otras, fue la causa que durante todo el tiempo de la segunda condena me mantuviesen en régimen especial.

Con todos estos antecedentes, cuando regresé a presidio planté. O sea, me quedé en calzoncillos y rechacé hasta un lecho para dormir. Esto sucedió en la cárcel de Boniato.

¿No rehusó algún tipo de alimento?

En aquellos tiempos no. Lo que, para demostrar lo injusto de la condena, decidí hacer aun más espartana la permanencia en reclusión. Entonces me llevaron a una celda tapiada, completamente oscura. Dormía en el suelo húmedo y me cubría con una frazada raída. En una oportunidad quisieron facilitarme una colchoneta y decliné el ofrecimiento.

¿Durante este segundo encierro lo golpearon?

No lo hicieron. Mi caso era conocido internacionalmente y estando en Boniato fui visitado por una organización de derechos humanos (Human Rights). El interés principal de las autoridades castristas era demostrar que el empecinado era yo. Ellos querían que abandonase Cuba, pero exigían que, cosa a la que me negué siempre, reconociese que había atentado contra la legitimidad del gobierno.

Entonces, en 1988, en un avión en el cual sólo viajé con un grupo de custodios, fui trasladado para la Ciudad de La Habana y recluido en el complejo carcelario Combinado del Este. Allí, primero me llevaron al hospital del Combinado y colocado en la sección de los plantados, pero aislado del resto. Sigo en régimen especial. Por aquellos días se cumplieron cuatro años de aislamiento total, durante los cuales jamás se permitió que un familar me visitase.

Del hospital me pasan para el "rectángulo de la muerte", que son las celdas de castigo del Combinado del Este. Entonces mantengo, durante cinco días, una huelga de sed y hambre… Creo que me he desviado del motivo central de esta entrevista. Son muchos los recuerdos, muchos los acontecimientos, muchos los abusos que los castro-comunistas han cometido contra todo el pueblo de Cuba.

Le había preguntado sobre la huelga de hambre que más recuerda.

El motivo de esa huelga es que hasta el hospital del Combinado del Este, donde por segunda vez permanecía, me llega un aviso de los plantados que están en calzoncillos, pero no aislados, en el cual me informan que el día primero de diciembre de 1988 van a dejar de comer. Pero la cuestión fue que, cosa que no supe, ellos iban a rechazar los alimentos de presidio, pero no así los que conservaban en las galeras, gracias a los suministros escasos que recibían de los familares cuando tenían visitas. A los doce días mis compañeros deponen la actitud, pero yo, que sí estuve todo el tiempo en total huelga de hambre, prosigo en la protesta. Entonces, una noche me trasladan para la prisión de Güanajay, donde fui recibido por el director y un grupo de oficiales de la Seguridad del Estado. El funcionario me dice que tengo que dejar el calzoncillo y aceptar, a como dé lugar, el uniforme de recluso; también que ellos están empeñados en "rehabilitarme políticamente".

Contesté que estaba débil y que si me vestían con el uniforme no iba a poder luchar contra tantos hombres, pero que tan pronto terminasen yo me lo quitaría.

Y así sucedió. Me vistieron tres veces y tres veces me desvestí.

¿En el intento fue maltratado?

No recibí una golpiza formal. Pero en el forcejeo fui más de una vez arrojado al piso y magullado. Al fin desistieron y el director ordenó que me encerraran en una celda de castigo junto con un preso común al que le decían Mahoma. Mahoma era un mulato fuerte que estaba mal de la cabeza. Había matado a un hombre y tenía un historial de abuso entre los demás reclusos.

Le dije a Mahoma que era preso político y que iba a dormir tranquilo, por lo tanto, que no me perturbase. Además, los otros reclusos comunes le advirtieron que no se metiese conmigo, que no podía tocarme ni un pelo.

Encerrado con el tal Mahoma pasé cuatro días. Nunca le hablé y él tampoco a mí.

Luego me colocan en una celda solo y empiezan a traerme alimentos apetitosos que ni miraba.

El veintiocho de diciembre me visita en la celda el oficial al que llamaban Manolito y que, por entonces, atendía a los plantados dentro del Ministerio del Interior. Me dice que mi caso y el de otros, como el de mi amigo Ángel Luis Argüelles, han sido negociados por el gobierno con algunos políticos norteamericanos. Que van a ponerme en libertad para que salga de Cuba, ya que las autoridades se han convencido de la solidez de mi postura. Que era un intransigente irreducable y que prolongar mi encierro les acasionaría inconvenientes con organizaciones y personalidades del mundo exterior.

Al día siguiente de mi conversación con el tal Manolito, me regresan al Combinado del Este y me alojan en una habitación del hospital. Como ellos, por conveniencia, cumplieron con todas mis demandas, abandoné la huelga e inicié un plan de alimentación recomendado por una doctora que me visitó, ya que previamente me habían informado que hasta que no recuperase mi peso corporal normal no me permitirían viajar al exilio. Exilio impuesto, quiero aclarar.

En los días previos a mi salida rumbo a los Estados Unidos, allí en el Combinado, las autoridades accedieron a que me entrevistase y cambiara impresiones con Alberto Grau Sierra, Mario Chanes de Armas, Ernesto Díaz Rodríguez y Alfredo Mustelier, cubanos formidables que no cejaban, aún detras de las rejas, de luchar por la libertad de Cuba y la dignidad humana.

Hay un detalle que no se ha precisado y tiene que ver con los efectos físicos y mentales que un ayuno prolongado provoca en los seres vivos. ¿Cómo se sintió Amado Rodríguez durante los veintinueve días de esta huelga de hambre?

Débil, pero bien.

¿Eso no es una contradicción?

Desde el punto de vista de mis conceptos éticos, patrióticos y religiosos no lo es.

¿Puede explicar más claramente?

Los castristas, como ya he dicho, siempre trataron de quebrar mis convicciones y que reconociese que las dos condenas que me impusieron fueron justas, ya que yo había atentado contra la patria y la revolución que, por antonomasia, podemos resumir en una figura y un nombre: Fidel Castro Ruz.

¿Acaso este señor no se proclama, con el beneplácito y aplauso de sus aduladores, como Comandante en Jefe, Máximo Líder y guía indiscutible del presente y futuro de Cuba? Y en esto que acabo de explicarte brevemente, radicó y radica la determinación con la que siempre los he enfrentado. No fue, ni es, fuerza física, ni tan siquiera voluntad. Simplemente convicción. Convicción que surge del espíritu.

Cuando se une la fuerza espiritual y el orgullo de preservar y acrecentar la herencia histórica, legada por los emancipadores y todos los luchadores que han combatido las tiranías que Cuba ha padecido, cualquier sacrificio, como un ayuno voluntario, en mi concepto, se sostiene y alimenta de la reservas espirituales que todo ser humano posee.

Tal vez ésa fue razón por la que el médico militar que me reconoció cuando estaba a punto de finalizar la huelga de hambre le dijo al director del penal que él no creía que yo había mantenido un ayuno total.

Durante los veintinueve días en los que no acepté alimentos perdí treinta y dos libras y media.

Te repito, estaba débil pero no sufrí mareos, náuseas ni alucinaciones. La única explicación que puedo ofrecer es que me alimenté del espíritu.

Junio 2006.

RELACIÓN DE PRESOS POLÍTICOS CUBANOS FALLECIDOS DURANTE LAS HUELGAS DE HAMBRE

Francisco Aguirre Vidaurreta (el Viejo): Cárcel El Príncipe, ciudad de La Habana. Septiembre de 1967. Se negó a vestir el uniforme azul de los reclusos comunes y exigió el trato adecuado a un prisionero político.

Luis Alvarez Ríos (el Pavo): Cárcel El Príncipe, ciudad de La Habana. Agosto 9 de 1967. Se negó a vestir el uniforme azul de los reclusos comunes y reclamó el trato humanitario al que todo ser humano tiene derecho.

José Barrios Pedré: Prisión Nieves Morejón, provincia de Sancti Spíritus. Agosto 9 de 1977. Exigía el cese de las golpizas y el derecho a ser visitado, regularmente, por sus familiares.

Pedro Luis Boitel Abraham: Prisión El Príncipe, ciudad de La Habana. Mayo 24 de 1972. Reclamaba el trato jurídico y humano al que tiene derecho todo prisionero político.

Olegario Charlot Espileta: Prisión de Boniato, ciudad de Santiago de Cuba. Enero 15 de de 1973. En protesta porque injustamente lo golpearon y despojaron de su biblia, al tiempo que se burlaban de su fe cristiana.

Reinaldo Cordero Izquierdo: Cárcel Cinco y Medio, ciudad de Pinar del Río. Marzo 21 de 1973. En protesta porque al cumplir la sentencia lo recondenaron, por considerarlo un peligro para la llamada "sociedad socialista", en franca violación de las leyes imperantes en el país.

Carmelo Cuadra Hernández: Hospital Militar de la Prisión La Cabaña, ciudad de La Habana. Abril 21 de 1969. Pedía el cese de los malos tratos y la tortura.

Enrique García Cuevas: Cárcel Pretensado, ciudad de Santa Clara. Mayo 23 de 1973. Reclamaba el trato humano y decoroso al que todo recluso político tiene derecho universal. También rechazaba el uniforme azul que vestían los presos comunes.

Roberto López Chávez: Presidio Modelo de Isla de Pinos. Isla de Pinos, cerca de la ciudad de Nueva Gerona. Noviembre 13 de 1967. Rechazó el trabajo forzado para los prisioneros políticos y exigió la aplicación de la Carta Universal de los Derechos Humanos, de la cual la Cuba castrista es signataria.

Santiago Roche Valle (el Indio): Prisión Kilo Siete, ciudad de Camagüey. Mediados de la década de 1960. Ex capitán del Ejército Rebelde. No se poseen otros datos.

Nota: Debido a la desinformación y a las casi cinco décadas de silencio y opresión que el régimen castro-comunista ha ejercido sobre la población cubana, aclaramos que esta relación puede adolecer de errores y omisiones involuntarias.

RELACIÓN DE PRESOS POLÍTICOS CUBANOS FALLECIDOS POR INANICIÓN

José Ramón Castillo del Pozo (Castillito): Prisión de Boniato, ciudad de Santiago de Cuba. Abril 2 de 1974.

Esteban Ramos Kessel (Estebita): Prisión de Boniato, ciudad de Santiago de Cuba. Febrero 4 de 1972.

Ibrahim Torres Martínez (Pire): Prisión de Boniato, ciudad de Santiago de Cuba. Febrero 7 de 1972.

Nota: Debido a la desinformación y a las casi cinco décadas de silencio y opresión que el régimen castro-comunista ha ejercido sobre la población cubana, aclaramos que esta relación puede adolecer de errores y omisiones involuntarias.

Taco Taco, en Pinar del Río

GLOSARIO

Cárceles y Prisiones: Organismo dependiente del Ministerio del Interior castrista que se ocupa de atender el amplio sistema de prisiones y campos de concentración que se expanden a todo lo largo y ancho de la isla de Cuba.

G-2: Término por el que se identifica a la policía política del régimen castro-comunista. El nombre correcto es Departamento de la Seguridad del Estado.

La cuadrada: En el Presidio de Isla de Pinos, comenzaron a ser trasladados los primeros reclusos políticos que aceptaban el plan de reeducación del sistema penitenciario castrista, a dos edificios rectangulares para reclusos que formaban parte de las instalaciones de esa prisión. El calificativo surge porque en los cuatro edificios de construcciones circulares de ese penal, permanecían los presos que no reconocían la legitimidad del sistema castro-comunista. Luego el término se generalizó y a los detenidos que, en cualquier prisión de la Isla, se acogían a los requerimientos gubernamentales que les otorgarían la libertad anticipada, se les llamaba **cuadrados.** *"Fulano se cuadró"*, se decía, sin que necesariamente constituyese una expresión despreciativa u ofensiva.

Plan de reeducación política: Sistema copiado por los castristas de los desaparecidos regímenes comunistas de Europa Oriental. El plan consiste en lograr que el reo político reconozca que es culpable de atentar contra los intereses de la nación y que, por lo tanto, la sentencia que le fue impuesta es justa. Asimismo, debe aceptar el trabajo forzado y asistir a clases y seminarios políticos, cuando las autoridades penitenciarías así lo estimen. Acatar estas condiciones lo hace elegible para una libertad condicional anticipada.

Preso plantado: Comenzó siendo el preso político que no aceptaba el trabajo obligatorio. Posteriormente se le llamaba *lantado* al preso que no aceptaba el llamado plan de reeducación o de rehabilitación. Los plantados, para los efectos de este libro, se dividen en las categorías siguientes:

Plantado de amarillo: Persona que para identificarse como recluso político sólo admite el uniforme de ese color y rechaza cualquier vínculo con las autoridades carcelarias. Regularmente permanecen en galeras y celdas que los aíslan del resto de la población penal.

Plantado de azul: Acepta vestir el uniforme, azul completo, de los reos comunes y desempeñar ciertos trabajos. No acata el plan de reeducación política y los compromisos éticos e ideológicos que el mismo conlleva.

Plantado en calzoncillos: Exige ropa de civil, dada su condición de preso político. Las autoridades carcelarias del régimen, consecuentes con su política de humillación, se la niegan y por lo tanto permance en paños menores. Por ser considerado un elemento muy peligroso, para la integridad ideológica del castro-comunismo, es mantenido en celdas de castigo aisladas y, muchas veces, la reja está cubierta por una plancha de metal que la sume en perenne oscuridad.

Plantado recondenado: Preso político renuente al llamado plan de reeducación y al trabajo obligatorio, que al expirar su condena el régimen castro-comunista le impone una sentencia extra de confinamiento, por considerarlo un peligro para el desarrollo armónico de la llamada sociedad socialista.

Reeducador político: Oficial de la Seguridad del Estado, al servicio de Cárceles y Prisiones, que se especializa en convencer al detenido político para que acepte el plan de reeducación. El reeducador, (también llamado "abuelito") en su labor de ablandamiento, puede emplear el halago, la promesa, la amenaza y el chantaje. También recomendar, sin participar directamente, el aislamiento y la tortura física y mental.

Obras producidas por el Instituto de la Memoria Histórica Cubana contra el Totalitarismo

El Instituto de la Memoria Histórica Cubana contra el Totalitarismo es un organismo que tiene como fin recuperar, investigar y divulgar todas las actividades realizadas por un amplio sector del pueblo de Cuba contra un régimen que conculca los más elementales derechos humanos, atentando así contra la dignidad del hombre.

Es derecho y deber de la Memoria Colectiva de la Nación Cubana recoger estas historias de hombres y mujeres que, en condiciones adversas y en base a sus convicciones, con diversas estrategias enfrentaron y enfrentan el totalitarismo.

Tenemos la certeza de que sólo el conocimiento apropiado del pasado es la mejor fórmula para impedir nuevas tiranías.

Publicaciones del Instituto de la Memoria Histórica Cubana contra el Totalitarismo.

30 aniversario del Presidio Político de Isla de Pinos
Comisión 30 Aniversario. 2000

Una compilación de testimonios de presos políticos que estuvieron encerrados en el Reclusorio Nacional de Isla de Pinos. La conmemoración de la clausura del reclusorio fue la base sobre la que se estructuró el Instituto de la Memoria Histórica Cubana contra el Totalitarismo.

Luces entre sombras
Ediciones Memoria. 2001
Autor: Ángel Cuadra
Instituto de la Memoria Histórica Cubana contra el Totalitarismo

El ensayo está sustentado en una conferencia que ofreció el autor en la ciudad de West Miami en el año 1996. En su charla enfoca la importancia de la creación literaria en la prisión, en particular la poesía. Enfatiza la voluntad de crear en la libertad del espíritu aunque el cuerpo estuviese encarcelado.

Las motivaciones de Pedro Luis Boitel
Ediciones Memoria. 2001
Autor: Ángel Cuadra
Instituto de la Memoria Histórica Cubana contra el Totalitarismo

Un apretado ensayo en que el autor, laureado poeta y ex prisionero político, sintetiza en la persona del mártir Pedro Luis Boitel el martirologio de la juventud cubana en la lucha contra la dictadura castrista. No se trata de una biografía sino el enfoque de un momento particular de la historia de Cuba y el rol que cumplió la juventud de esa época.

Calendario Histórico Cubano
Ediciones Memoria. 2003
Comisión Presidida por Ramiro Gómez Barrueco
Instituto de la Memoria Histórica Cubana contra el Totalitarismo

Un novedoso calendario que recoge efemérides de la lucha contra el régimen totalitario. En cada día del año está señalada una gesta del pueblo contra la opresión. Cada mes está identificado con una o varias fotografías que evocan acontecimientos magnos o una serie de sucesos de particular trascendencia.

Cuba, Cronología de la Lucha contra el Totalitarismo
Ediciones Memoria. 2003
Autor: Pedro Corzo
Instituto de la Memoria Histórica Cubana contra el Totalitarismo

En este libro encontrará el lector, en una secuencia cronológica, las acciones y actividades que, contra el régimen totalitario castro comunista, llevaron a cabo los cubanos desde el inicio del año 1959 hasta mediados del 2003: tanto en la lucha frontal ya dentro de Cuba, como desde el exterior, como en la etapa posterior de la lucha cívica no violenta, hombres y mujeres que se dieron en sacrificio, y también en martirologio, en aras de su patria. Sus nombres reclaman un espacio en la historia verdadera que se hará en la Cuba del futuro. Para ese momento, y desde ahora, este libro los salva y, para la historia, los consagra.

Cuba: Clamor del Silencio
Ediciones Memorias. 2005
Autor: Amado Rodríguez
Instituto de la Memoria Histórica Cubana contra el Totalitarismo

Este libro es el recuento del presidio político cubano bajo el totalitarismo castro comunista. En él aparecen testimonios y hechos desde los primeros presos políticos en 1959, hasta los relatos y las experiencias vividas, y que hoy mismo, año 2005, están teniendo los actuales presos políticos.
Están también los relatos de los familiares de presos políticos que visitaban a éstos en las cárceles; y los testimonios de mujeres que pasaron por las prisiones políticas en Cuba, y dejan aquí constancia de sus dramáticas memorias. Testimonios imprescindibles para la historia de este proceso.

Al Filo del Machete
Director: Pedro Suárez "Tin Tin"
Productor: Luis Díaz
Productor Ejecutivo: Pedro Corzo
Guión: Enrique Encinosa
Instituto de la Memoria Histórica Cubana contra el Totalitarismo.
2001

Este documental, el primero del Instituto de la Memoria Histórica Cubana contra el Totalitarismo, recoge testimonios de personas que enfrentaron en los primeros años de la década del 60 al régimen totalitario. Estos hombres y mujeres al ver que sus derechos ciudadanos eran conculcados asumieron su responsabilidad y demandaron, fiel a la tradición de los mambises, con las armas en la mano, sus derechos.

Yo los he visto Partir
Director: Luis Guardia
Productor: Pedro Corzo
Instituto de la Memoria Histórica Cubana contra el Totalitarismo y
Caimán Production. 2003

Dejar el testimonio de los últimos recuerdos e imágenes que quedaron en la visión y en los oídos de los compañeros de la prisión política cubana, cuando despidieron a aquéllos que los sacaban de las galeras y que no volverían a ver más, esa misión patética la cumple este documental que tiene como música de fondo la canción del preso político Manuel Villanueva "Yo los he visto partir". El régimen castro comunista les había impuesto la condena de "asesinato por fusilamiento".

Tributo a Papá
Director: Luis Guardia
Producer: Pedro Corzo
Instituto de la Memoria Histórica Cubana contra el Totalitarismo y
Caimán Production. 2004

Este documental auspiciado por el Instituto de la Memoria Histórica Cubana contra el Totalitarismo, contiene los testimonios de diez mujeres cubanas, huérfanas de padre, al que no pudieron conocer, ya porque eran muy pequeñas o porque estaban al nacer cuando sus padres fueron asesinados por el régimen castro comunista impuesto en Cuba. Ese vacío de sus vidas lo han llenado con la idealización de sus "papás" que se asoman en el documental en las voces de sus hijas que los rescatan de la ausencia para la vida y la historia.

Ernesto Guevara. "Anatomía de un Mito"
Director: Luis Guardia
Producer: Pedro Corzo
Coordinador general. Francisco "Paco" Lorenzo
Instituto de la Memoria Histórica Cubana contra el Totalitarismo y
Caimán Production. 2005

El documental Ernesto Guevara, "Anatomía de un Mito", muestra un individuo audaz, disciplinado e inteligente pero sin la plasticidad y creatividad de un verdadero conductor. Los testimonios de personas que lo conocieron en diferentes etapas de su vida son exponentes de su carácter cruel, despótico e irreverente y de una total intolerancia hacia aquéllos que fueran adversarios de sus postulados. Una reflexión sobre su vida permite apreciar que fracasó en todos sus intentos y que sus fracasos han sido convertidos en victoria por la colusión de intereses políticos y de mercado.

Calendario Negro del Totalitarismo Cubano
Ediciones Memoria 2005
Presidente Comisión: Ramiro Gómez Barrueco. Integrantes. Carmen
Toro de Gómez, Fermín M. Amador Chamizo, Enrique Ruano,
Francisco Lorenzo
Instituto de la Memoria Histórica Cubana contra el Totalitarismo

Un calendario que recoge efemérides de muchos de los crímenes cometidos por el régimen totalitario. En cada día del año está señalado un crimen contra el pueblo. Cada mes está identificado con una o varias fotografías que evocan acontecimientos magnos o una serie de sucesos de particular trascendencia.

Cuba: Perfiles del Poder
Ediciones Memoria. 2007
Autor: Pedro Corzo
Instituto de la Memoria Histórica Cubana contra el Totalitarismo

Perfiles del Poder es la monografía política de cinco jerarcas del proceso insurreccional cubano y de la Revolución. El libro presenta aspectos de la vida de estos individuos que demuestran su verdadero carácter e intenciones.

La obra es el resultado de investigaciones y también de entrevistas con individuos que conocieron a los cinco personajes: Fidel Castro, Raúl Castro, Ramiro Valdés, Ernesto Guevara y Camilo Cienfuegos.